나는 나를 사랑해요

도서출판
명주

명주어린이는 지식과 감성을 씨줄과 날줄로
촘촘히 엮어, 21세기를 살아가는 우리 어린이들에게
지혜의 나침반 역할을 할 것입니다.

명주어린이 시리즈 06

공부는 나의 힘

나는 나를 사랑해요

백종화 글 | 최은영 그림

명주

머리말

진짜 공부는 즐겁게 하는 것이랍니다!

여러분이 즐겨 할 수 있는 것들에는 무엇이 있을까요? 춤, 노래, 축구, 수영, 그림 그리기, 남을 도와주고 사랑하기 등 많이 있지요. 그래도 여러분은 학생이니까 공부를 빠뜨릴 수 없을 거예요. "아, 난 아니에요. 난 공부가 힘들고 지겨워서 생각도 하기 싫어요."라고 말하는 친구들도 있겠지만요.

이런 친구들은 시험 때문에 억지로 공부를 해 왔거나, 공부하는 데 필요한 도움을 제대로 못 받아서 그럴 거예요. 그렇다면 이번 기회에 이 책을 통해서 공부에게 먼저 악수를 건네 보세요.

"공부야, 난 아직 너를 잘 모르지만 너에 대해 알고 싶고 친해지고 싶어!"

친구들과 친하게 지내다가도 가끔씩 다투어서 한동안 말을 안 하다가 다시 사이좋게 지내기도 하잖아요. 공부도 마찬가지예요. 공부와 친하지 않거나 짜증을 내던 친구들도 차근차근 공부에 대해 알아가다 보면 친구처럼 가까운 사이가 될 수 있을 거예요. 공부는 여러분을 괴롭힐 생각은 정말 없답니다. 오히려 여러분이 지혜로워지도

록 돕고 싶어 하고, 친해지고 싶어 하지요.

'얘들아, 난 공부야! 나도 너희들을 돕고 싶어. 우리 서로 친해 보자.'

공부에게 마음을 열고 새롭게 인사를 나누어 보세요. 그 다음에는 친해져야겠죠? 공부와 친해지려면 긍정적인 자세가 필요해요. 공부를 하니까 새로운 것을 알게 되어 좋고, 새로운 것을 알게 되면 할 수 있는 것이 많아져서 저절로 '싱글벙글' 미소 짓게 될 거예요.

공부는 즐겁고 당당하게 그리고 끝까지 포기하지 않고 하는 자세가 중요해요. 공부는 나무와 같아서 여러분이 정성을 들인 만큼 가치 있는 열매를 맺을 수 있답니다. 여러분도 '공부 나무' 한 그루를 키우면서 지혜의 친구로 만들어 보지 않을래요?

"나와 꼬마 공부 나무는 이제 친구랍니다. 우리는 함께 멋지게 자랄 거예요."

어린이들의 꿈을 응원하면서

백 종 화

차 례

머리말 4

1 공부는 무엇일까요?
공부는 호기심에서 시작되었어요 10
다섯 가지 답을 알아보아요 14

2 왜 공부를 해야 하나요?
사람은 다른 동물들과 달라요 30
공부와 뇌의 역할 33
신 나는 공부, 멋진 꿈을 이루어 가는 나! 35

3 뇌를 발달시키면 공부를 잘할 수 있어요
이렇게 하면 머리가 좋아진대요 40
초등학교 교과서부터 꼼꼼히 보세요! 47

엄마 아빠, 보세요!
학습신호등으로 아이의 공부 수준을 알아보세요! 48

4 행복하고 즐겁게 공부하는 방법이 있어요
공부는 무엇을 배울지 기대하는 것이에요 54
배운 것들을 쉽게 익히는 방법 57

5 학년마다 공부 단계가 달라요
저학년에 알맞은 공부 방법 66
고학년에 알맞은 공부 방법 71

6 공부로 꿈을 이룬 사람들
조선 시대 최고의 지식인 정약용 80
학교를 못 다닌 레오나르도 다 빈치 85
우리나라 최초의 여성 변호사 이태영 90
집중력은 나의 힘, 알베르트 아인슈타인 93

부록 나는 이렇게 공부했어요!

엄마 아빠, 보세요!
"엄마 아빠도 꿈이 있었나요?" 110

1 공부는 무엇일까요?

공부가 뭘까요? 공부에 대해서 생각해 본 어린이들이 있나요? 모두들 공부는 어렵고, 하기 싫은 것이라고만 생각하고 있을 거예요. 하지만 꼭 그런 것만은 아니래요. 공부가 무엇인지를 안다면 공부는 신 나고 재미있대요. 이 말이 정말일까요? 어디 한번 알아보기로 해요.

공부는 호기심에서 시작되었어요

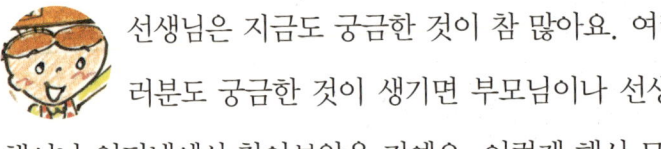
선생님은 지금도 궁금한 것이 참 많아요. 여러분은 어떤가요? 여러분도 궁금한 것이 생기면 부모님이나 선생님에게 물어보거나, 책이나 인터넷에서 찾아보았을 거예요. 이렇게 해서 모르는 것을 알게 되었을 때에는 참 신 나고 뿌듯하죠?

사람은 무엇인가를 알고 싶어 하고, 궁금한 것을 해결하기 위해 배우고 싶어 합니다. 이렇게 배우고 알아 가면서 기쁨을 느끼지요.

하늘과 땅과 사람이 궁금해요!

공부는 무엇인가에 대한 호기심에서 생겼다고 할 수 있어요. 사람들은 하늘과 땅, 바다가 궁금했고, 동물과 식물 등에 대해서도 알고 싶어 했지요. 뿐만 아니라 사람에 대해서도 궁금한 것이 많았답니다. 사람이 살아온 과정과 몸의 구조, 마음에 대해서도 알고 싶어 했지요. 사람들이 궁금해한 것을 모두 기록하려면 엄청날 거예요.

그래서 이렇게 궁금한 것들을 제대로 알기 위한 방법이 필요했어요. 그 방법이 바로 '공부'랍니다.

공부는 처음부터 여러분이 알고 있는 뜻으로 쓰인 것은 아니랍니다. 일이나 기술을 배우거나 무술 등을 갈고 닦는다는 의미로 사용하다가 점점 오늘날의 의미로 사용하게 되었지요.

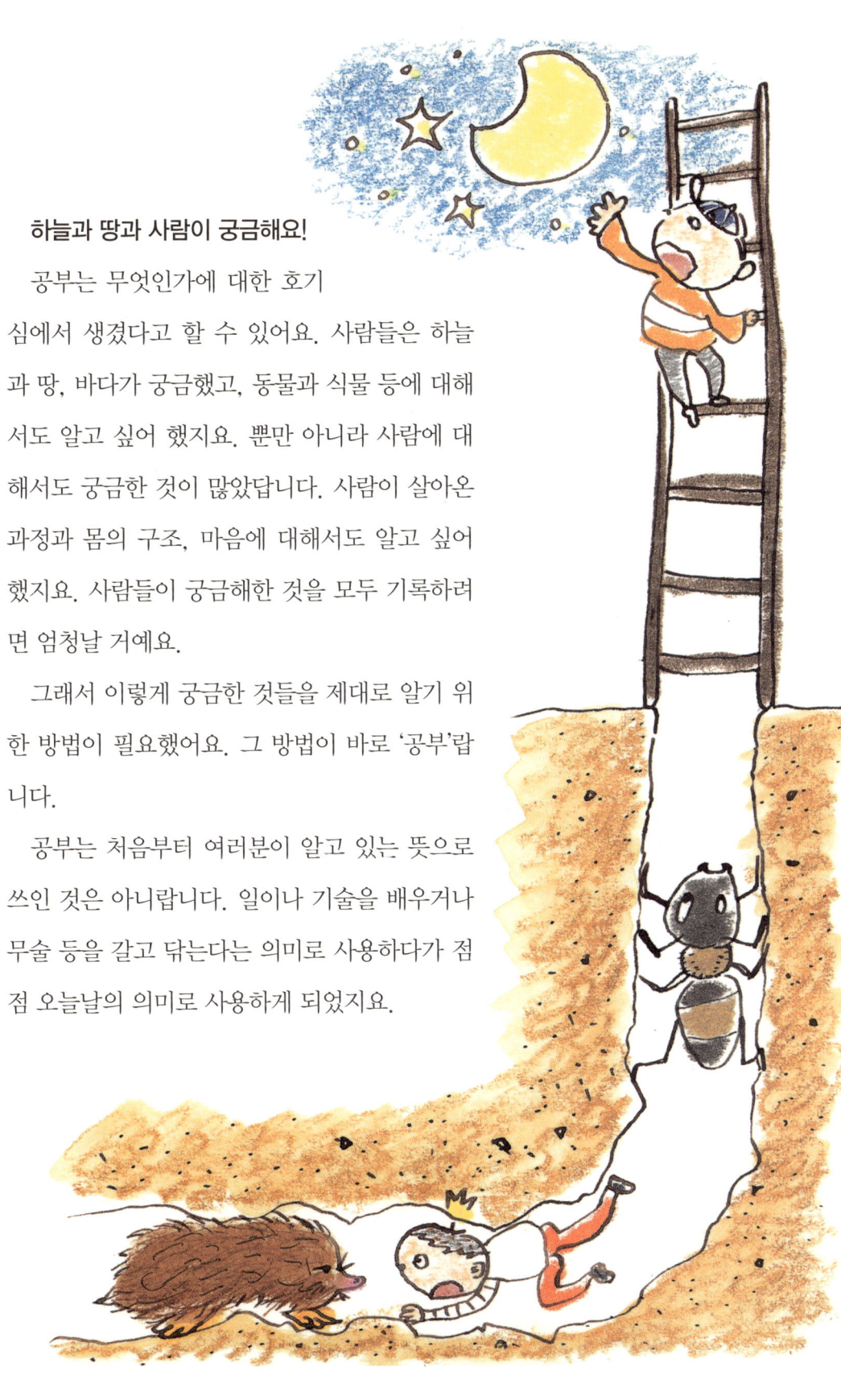

하고 싶어서 하는 공부가 진짜 공부예요

여러분은 공부를 무엇이라고 생각하고 있나요? 혹시 숙제를 하는 것, 시험공부, 학교 수업을 듣는 것, 학원에서 수업하는 것, 책 읽는 것 등으로 생각하고 있나요? 틀렸다고는 할 수 없지만, 여러분이 알고 있는 공부는 '하고 싶은 것'이 아니라 '어쩔 수 없이 해야 하는 것'으로 보여요. 하지만  공부에 대해 바르게 알면 '하고 싶은 것'이 될 수 있답니다.

어떻게 생각하느냐에 따라 공부는 즐거울 수도 있고, 괴로울 수도 있답니다. 여러분은 당연히 즐겁게 공부하고 싶겠지요? 공부를 하는 이유와 의미 그리고 방법을 제대로 안다면 즐겁게 열심히 할 수 있답니다.

우리나라에서는 대부분 12년 이상을 학교에 다닙니다. 이렇게 오래 학교를 다니는데 공부가 지겹고, 어렵고, 재미없다면 얼마나 불행할까요? 반대

로 공부가 즐겁고, 신기하고, 보람 있는 것으로 생각되면 얼마나 좋겠어요? 그렇다면 우선 생각을 바꾸어 보도록 해요. '어떻게 바꿔요?' 하는 소리가 들리는 것 같네요.

　이때 주의할 점은 요술 방망이처럼 한 방에 해결하려고 해서는 안 된다는 거예요. 먼저 선생님이 '공부란 무엇일까?'에 대한 다섯 가지 답부터 알려 줄게요. 다음 답을 읽은 다음 '아, 그렇구나!' 하고 말해 보세요.

　첫째, 공부는 무엇인가를 궁금해하는 것입니다.
　둘째, 공부는 궁금한 것을 글로 써 보는 것입니다.
　셋째, 공부는 책과 실제 현장에서 질문의 답을 찾아보는 것입니다.
　넷째, 공부는 궁금한 것에 대해 질문하는 것입니다.
　다섯째, 공부는 답을 찾았을 때 기뻐하는 것입니다.

　'아, 그렇구나!' 라고 말했나요? 잘했어요. 그럼, 한 가지씩 살펴보기로 해요.

다섯 가지 답을 알아보아요

내가 초등학교에 다닐 때 궁금했던 것은 '작은 씨앗에서 싹이 나서 꽃이 피는 것과 가느다란 식물 줄기에 무거운 토마토나 오이, 가지 등의 열매가 어떻게 매달려 있을 수 있는가?'였어요. '어떻게 작은 씨앗이 꽃이 되고, 약해 보이는 식물 줄기에 무거운 토마토, 오이, 가지가 떨어지지 않고 매달려 있을까?'에 대해서 아주 궁금해했답니다.

무엇인가를 궁금해한 적이 있지요?

나는 이런 궁금증을 품고 겨울방학을 보냈습니다. 그러고 나서 다음 학년 교과서를 받았는데, 그 안에 궁금했던 내용이 실려 있지 뭐예요. 나는 정말 기뻤답니다. 알고 싶어 하던 것을 학교에서 배울 생각을 하니 가슴이 설렜지요. 그래서 다음 학년 수업이 무척 기대가 되었답니다.

드디어 새 학년이 되어 선생님의 설명을 들으면서 궁금했던 것을 알게 되었습니다. 그리고 과제로 완두콩 키우기를 하면서 공부에 흥미가 붙었습니다. 나는 선생님이 설명한 것과 내가 키우는 완두콩을 비교해 가면서 알게 된 것들이 놀랍고 신기해서 과제를 하는 내내 아주 즐거웠답니다.

만약 궁금증이 없었더라면 씨앗에서 싹이 나고 꽃을 피우고 열매 맺는 것

이 그렇게 신기하지도 재미있지도 않았을 거예요. 궁금증을 풀 수 있는 수업 시간이 기다려지지도 않았겠죠.

수업 시간이 즐거우니까 발표를 잘하게 되고, 숙제도 열심히 해서 선생님에게 칭찬을 많이 받았답니다. 칭찬을 받으면서 수줍음 타는 성격이 활발하게 바뀌기 시작했지요.

공부는 궁금한 것을 글로 써 보는 것이에요

글 쓰는 것을 아주 싫어하는 친구들도 있을 거예요. 글을 쓰고 싶어도 글을 모르거나 손이 불편해서 쓸 수 없다면 어떻겠어요? 마음이 아주 답답하겠지요. 여러분은 마음만 먹으면 얼마든지 글을 쓸 수 있는 것에 감사해야 해요.

글을 쓰는 것은 여러분을 행복하게 하는 데도 도움을 준답니다. 이해가 잘 안 되지요? 아직 이런 경험을 못한 어린이들은 모를 수도 있어요. 기쁘거나 슬플 때, 화가 났을 때, 심심할 때 자신의 마음을 글로 써 보세요. 그러면 이 말이 무슨 뜻인지를 알게 될 거예요. 글을 통해서 우리들은 많은 위로를 받을 수 있거든요.

그리고 자신의 생각을 글로 써 보면 생각들이 정리가 되고 마음이 차분해진답니다. 그래도 글쓰기가 어렵고 싫다고요? 어렵게 생각하지 말고, 쉬운 것에서부터 출발하면 됩니다.

궁금한 것만 하루에 한 가지씩 기록해 보세요

먼저 공책에 이름과 날짜를 쓰고 궁금한 내용을 하루에 한 가지씩 기록해 보세요. 시간이 지나면서 아주 훌륭한 질문 공책이 될 거예요. 좋은 질문이 생각났는데 기록하지 않고 지나친다면 아깝지 않을까요? 훌륭한 질문을 생각했는데 그 순간이 지나면 떠오르지 않을 수도 있거든요. 좋은 질문에는 보석처럼 빛나는 생각과 문제 해결 방법들도 들어 있답니다. 하지만 궁금한 것이 없는 날은 '오늘은 궁금한 것이 없다.'라고 써도 된답니다.

궁금한 것이 특별하지 않아도 되고, 많은 친구들이 알고 있는 것이라도 괜찮아요. 여러분이 궁금한 것이면 된답니다. 만약 궁금한 것들을 10년 동안 기록해서 하나씩 알아본다면 어떤 결과가 나올까요? 아마 여러분은 '백과사전'이라는 별명을 얻게 될지도 몰라요. 왜냐하면 질문을 많이 하다 보면 질문을 잘하게 되고 답을 잘 찾게 되며, 자기도 모르는 사이에 척척박사가 될 수도 있으니까요. 그래서 여러분은 친구들의 궁금증까지 해결해 줄 수 있게 될 거예요.

그러다 보면 점차 공부가 지겨운 것이 아니라 즐거운 것이 되겠죠. '그럴 것 같아요.'라고 말해 보세요. 뇌는 우리가 말한 대로 명령을 내리거든요. 여러분이 '그럴 것 같아요.'라고 말하면 뇌는 우리에게 '그럴 것이다.'라고 믿도록 명령을 하거든요.

자, 그럼 여러분이 궁금해하는 것들을 한 가지 이상씩 써 보세요.

내가 궁금한 것들 열 가지 써 보기

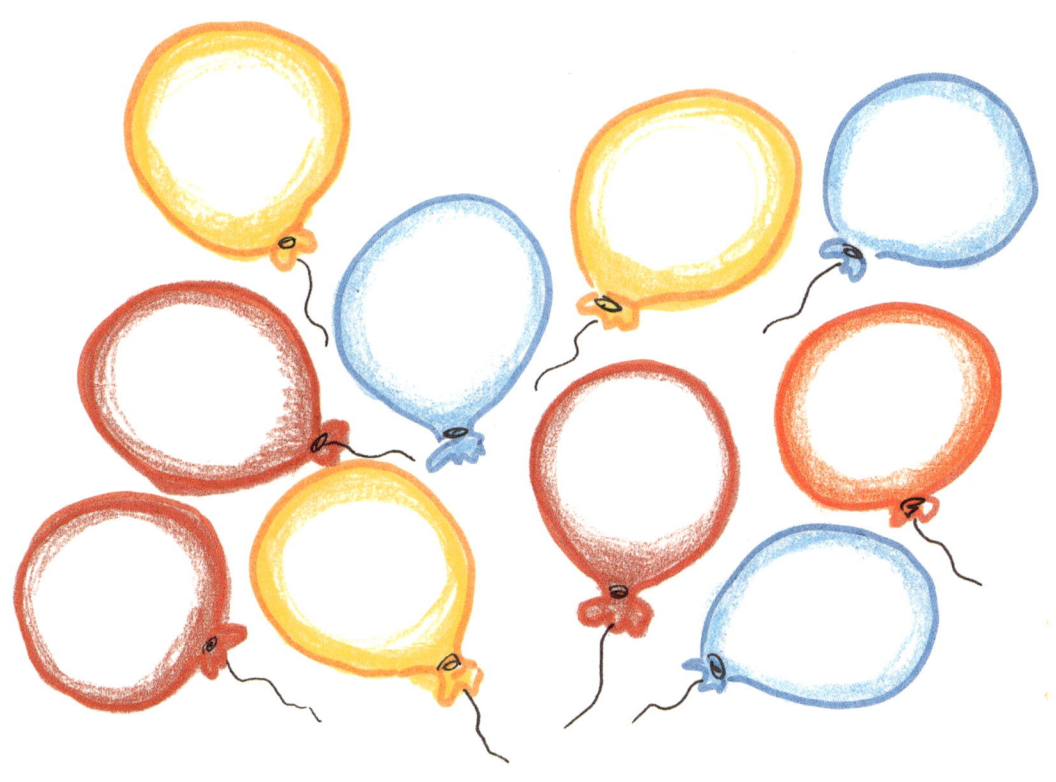

궁금한 것들을 썼나요? 이제 여러분들을 행복하고 멋지게 만들어 줄 공부나라에 들어온 거예요.

책과 현장에서 답을 찾아보세요

지금 먹고 싶은 것이 무엇인가요? 딸기, 아이스크림, 초콜릿, 떡볶이, 불고기, 피자… 먹고 싶은 것이 많지요? 먹는 이야기를 하니까 당장 먹을 것을 가지러 가고 싶지요?

나는 배가 고픈데, 엄마가 맛있는 음식 이야기를 하면서도 먹지는 말라고 하면 어떨까요? 답답하고, 속상하겠죠? 질문의 답을 찾지 않는 것도 이런 상황과 비슷해요.

궁금한 것을 책이나 현장을 찾아다니면서 알아내고 확인하는 것은 호기심의 답을 찾기 위한 아주 바람직한 자세랍니다. 궁금증을 풀기 위해서 자료를 찾다 보면 호기심이 꼬리에 꼬리를 물고 일어나면서 집중력이 생기게 된답니다.

여러분들이 기록한 궁금증들의 답을 찾을 만한 책들을 찾아보고, 현장에도 가 보도록 하세요.

궁금증을 풀어 보아요

번호	궁금한 것을 한 가지 이상 써 보세요	답을 찾을 만한 책	답을 찾을 만한 현장
예	겨울에 피는 꽃이 궁금해요?	식물과학책	식물원, 화원
1			
2			
3			
4			
5			

궁금한 것들을 기록했나요? 기록하면서 무슨 생각을 했나요? 새로운 것을 알게 된 친구들도 있고, 재미있다고 느낀 친구들도 있고, 어렵다고 생각한 친구들도 있을 거예요. 이제 여러분은 공부의 힘이 생길 수 있는 중요한 첫 단계를 해낸 거예요. '친구들아 함께 힘내서 즐겁게 공부하자!' 하고 외쳐 보세요.

그리고 여러분이 기록한 내용 가운데에서 다음 세 가지를 해 보세요.

궁금한 것의 답을 찾았어요!

번호	궁금한 것	책에서 찾은 답	현장에서 찾은 답
예	겨울에 피는 꽃이 궁금해요?	동백꽃, 포인세티아	엄마와 함께 화원에 가서 동백꽃을 보았다(2월 8일).
1			
2			
3			

궁금한 것을 질문하는 게 공부예요

여러분이 어렸을 때에 엄마 아빠에게 얼마나 많은 질문을 했는지 기억하나요? 아마 다 기억하지 못할 거예요. 여러분들이 지금 알고 있는 것 가운데 많은 것들은 유치원에 다닐 때 엄마, 아빠, 선생님, 할머니, 할아버지에게

질문해 가면서 알게 된 것들이랍니다. 공부는 바로 이렇게 질문에서 시작된답니다.

그런데 이상하게 초등학교에 입학하고는 학년이 올라갈수록 질문을 적게 하는 것 같지요? 왜 그럴까요? 혹시 선생님에게 질문을 하기보다는 선생님의 물음에 답을 하는 것이 더 똑똑하다고 생각하기 때문은 아닐까요?

물론 선생님의 물음에 답하는 학생도 똑똑하지만, 궁금한 것을 질문하는 학생도 똑똑하답니다. 초등학생 때는 알고 싶은 것과 알아야 할 것들이 더 많은 시기랍니다. 이때는 궁금한 것을 끊임없이 질문해서 몰랐던 것들을 알아 가면서 공부의 즐거움을 깨달을 수 있는 시기랍니다.

처음에 질문할 때는 어떻게 해야 할지 모르고 용기도 부족할지 모릅니다. 그러나 한번 질문하고 나면 그 다음은 조금 더 나아지고, 두 번 세 번 계속 하다 보면 더 잘할 수 있게 된답니다.

질문을 잘하고 싶다고요? 질문하기 전에 물어볼 것들을 한번 써 보세요. 질문 내용을 적어서 함께 보여 주면, 답을 해 주는 사람도 내용을 잘 이해할 수 있어서 정확한 답을 줄 수 있답니다.

그럼, 지금부터 질문하는 연습을 해 보기로 해요. 먼저 질문을 적고, 질문을 누구에게 할 것인가를 정하는 것입니다. 다음은 질문을 통해서 알게 된 사실을 기록하는 것입니다. 이러한 방식으로 공책에 질문지를 만들어 보세요.

질문지 만들기

번호	질문	누구에게	알게 된 것
1			
2			
3			
4			
5			

답을 찾았을 때 기뻐하는 것도 공부예요!

여러분은 언제 기쁘고 슬프며, 누구를 사랑하며, 무엇을 할 때 즐거운가요? 언제 무엇을 할 때 기쁘거나 슬프고 즐거운지를 알고, 그것을 잘 표현하거나 조절할 수 있으면 건강한 마음을 갖고 있는 것이랍니다.

마음이 건강한 사람은 스트레스의 영향도 덜 받고, 긍정적인 감정을 갖고 생활하기 때문에 여유가 있답니다. 그래서 공부할 때도 더 집중할 수 있으며, 즐거운 마음으로 할 수 있기 때문에 내용들도 잘 기억할 수 있지요.

여러분도 새로운 것을 알게 되어 기뻐했던 경험과, 궁금했던 것을 알게 되어 즐거워했던 기억이 있나요? 기억이 나지 않는다고요? 그렇다면 이런 경험이 없었을 가능성이 높아요. 왜냐하면 사람들은 아주 즐겁거나 힘든 감정을 느꼈던 일은 기억을 잘하거든요. 그런 기억이 없었다면 지금부터 그런 기쁨을 만들어 가도록 해요. 이런 것이 바로 공부하는 기쁨이랍니다.

'아는 기쁨' 기록하기 (월   일 ~   월   일)

새로운 것을 알았거나 궁금했던 것을 알게 되어 기뻤던 기억(아빠)

새로운 것을 알았거나 궁금했던 것을 알게 되어 기뻤던 기억(엄마)

새로운 것을 알았거나 궁금했던 것을 알게 되어 기뻤던 기억(나)

아하, 그렇구나!

마음이 건강하려면 잘 표현해야 해요!

마음이 건강하려면 작은 일에서부터 자신이 느끼는 감정을 잘 알아차리고 표현할 줄 알아야 합니다. 자신의 감정을 속이거나 감추기보다는 나타낼 수 있는 단어를 사용해서 표현하는 것이 건강한 마음을 갖게 한답니다. 그리고 친구나 부모님 선생님 등 다른 사람의 마음도 잘 알아차리고, 그 사람을 존중해 주는 것도 마음이 건강한 사람의 태도입니다.

건강한 마음을 갖기 위해서는 화가 나거나 미운 감정 혹은 귀찮은 감정을 적절하게 조절할 줄 알아야 하지요. 작은 일에 기쁨과 감사함을 느끼고, 친구와 부모님, 선생님을 사랑하는 것도 건강한 마음을 갖게 한답니다. 그래서 마음의 힘을 저축할 수 있게 되지요.

마음의 힘을 저축하다 보면 마음이 튼튼해지고 면역력도 높아져서 몸도 건강해지고, 진정한 용기와 인내심도 생기게 됩니다. 그래서 무언가를 하다가 실패를 하더라도 그것을 극복할 수 있는 좌절 회복 능력도 커지게 된답니다.

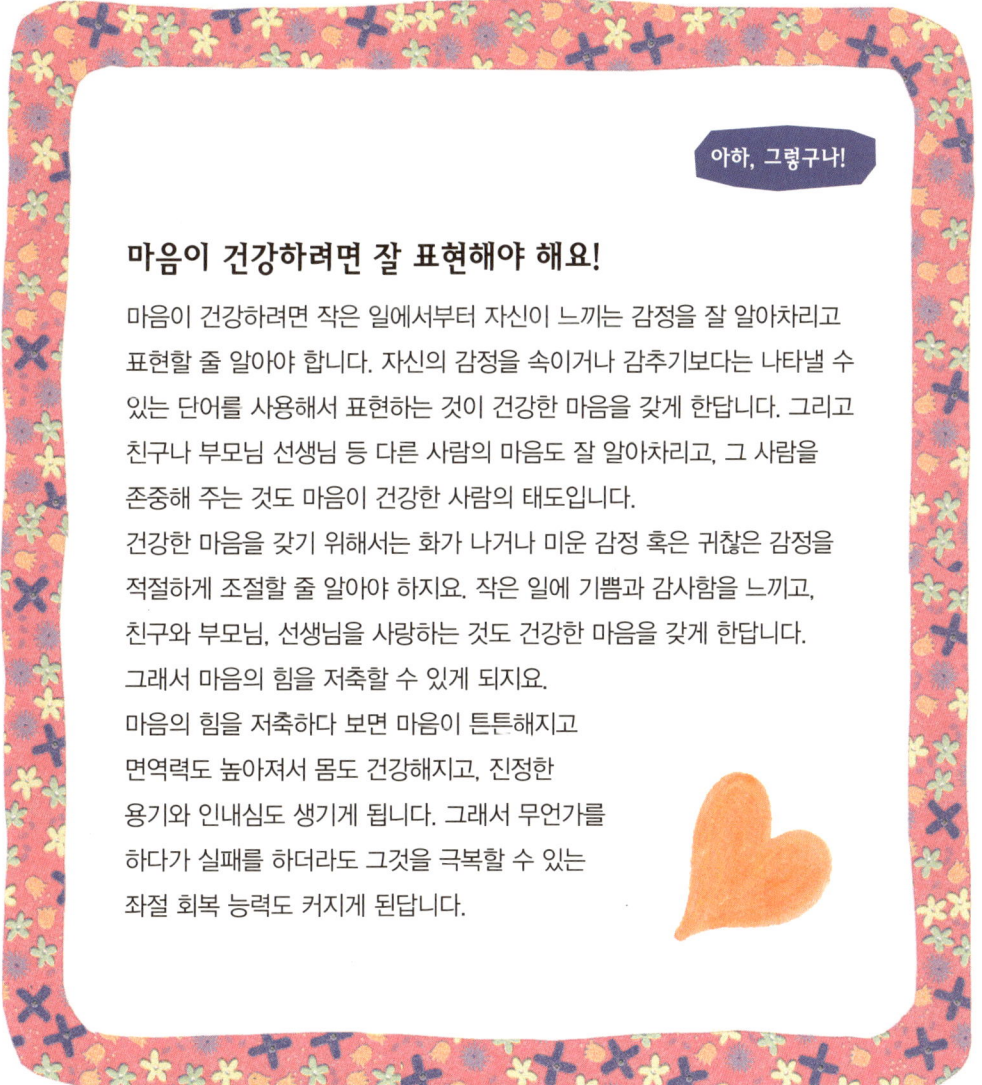

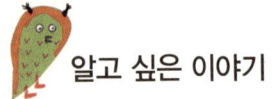 알고 싶은 이야기

"공부가 없었을 때도 있었나요?"

수메르문명 때부터 공부가 시작되었어요

학자들은 대략 수메르문명 때부터 공부가 있었다고 보고 있습니다. 수메르문명은 티그리스 강과 유프라테스 강 사이 지금의 이라크 남부 지역에서 발생한 세계에서 가장 오래된 인류 최초의 문명이라고 합니다. 수메르 사람들은 이집트나 그리스에서 아직 문명다운 문명이 생기기도 전에 인류 최초의 정착 농사를 시작했답니다. 그래서 농사를 짓기 위한 관개 시설을 만들고, 가축을 기르고, 바퀴를 이용한 운송 수단을 발명하고, 도시 국가를 건설하고, 시민이 주인인 정치 체제까지 확립시켰다고 합니다. 그리고 무엇보다 중요한 것은 인류 최초의 문자와 법전을 만들고, 인류 최초로 학교에서 교육을 시작했다는 것입니다.

수메르 사람들이 사용한 설형 문자와 점토판 내용

수메르 사람들은 설형 문자로 불리는 인류 최초의 문자를 활용해서 상거래의 구체적인 내용을 점토판에 기록하고, 법률을 바위에 새겼으며, 교과서를 만들어 아이들을 가르쳤답니다. 수메르문명의 유물 가운데 5만여 개가 넘는 설형 문자 점토판이 있는데, 당시 사람들의 생활을 상세히 기록하고 있어서 인류학과 고고학에서도 중요한 자료가 되고 있지요. 그중에는 수메르 사람들의 교육열을 볼 수 있는 점토판들도 상당히 있는데, "수메르 사람의 학창 시절"이라는 점토판에는 한 학생의 하루 일과가 자세히 기록되어 있습니다.

내용을 보면 수메르 사람들이 얼마나 공부를 중시하고 교육열이 뜨거웠는

지를 생생히 느낄 수 있답니다. 이 글에 등장하는 학생은 학교에서 오전에는 교과 내용을 외우고, 점심을 먹은 뒤에는 작문법을 배웠다고 했으며, 집에 가서 부모님에게 공부한 것들을 말하면 아버지가 매우 좋아했다고 했습니다. 부모는 자녀가 공부를 열심히 하면 옛날이나 지금이나 좋아하는 것은 같은가 봅니다.

수메르의 기록 유물 가운데에는 성서만큼 길고 자세한 서사시도 있고, 글자를 제대로 읽고 쓰지 못하는 학생들에게 내린 체벌 문서까지 있다고 합니다. 특히 설형 문자를 발명한 수메르 사람들은 점토판에 글씨를 쓰는 필경사가 필요해서, 이를 가르치기 위한 학교를 세우게 되었답니다.

인간은 공부를 발전시키고, 공부는 인간을 발전시켰어요

가장 오래된 인류 최초의 문명인 수메르 시대의 사람들도 오늘날처럼 자녀 교육에 관심이 많았던 것 같네요. 학교 공부를 게을리하고 방황하는 아들을 훈계하는 어느 필경사 아버지의 이야기가 담긴 점토판은 수메르 사람들이 자녀 교육에 얼마나 신경을 썼는지를 잘 보여 줍니다.

공부는 문화와 역사, 생활 방식, 생각하는 습관 등을 나타낸 인간의 역사입니다. 인간은 공부를 발전시키고 공부는 인간을 발전시키는 떼려야 뗄 수 없는 관계라고 할 수 있답니다.

2 왜 공부를 해야 하나요?

우리 어린이들은 매일매일 놀고 싶은 마음이 굴뚝같은데, 학교에 가랴 학원에 가랴 정말 놀 시간이 없을 정도로 바쁘기만 합니다. 게다가 밤늦게까지 학교 숙제를 해야 할 때는 정말 공부가 없어지기라도 했으면 하고 생각을 하기도 하지요
그런데 공부를 해야 하는 이유가 있대요. 그 이유가 뭘까요?

사람은 다른 동물들과 달라요

사람만 갖고 있는 특별한 것은 무엇일까요? 사람의 특징을 이야기하려면 비교할 것이 있어야겠네요. 먼저 식물, 동물, 하늘, 우주, 바람, 사물 등과 비교해 본다면 사람은 이러한 것들과 분명히 다르다는 것을 알 수 있죠?

사람은 생각을 하고, 말과 글을 사용하고, 도구를 사용하며, 새로운 것을 발명하며, 두 발로 걷습니다. 그리고 사람을 공부하는 인간이라고 하기도 해요.

사람은 생각을 할 수 있는 동물이에요

사람의 뇌는 공부를 할 수 있게 구성되어 있답니다. 그래서 스스로를 발전시키고 꿈을 이루어 갈 수 있지요. 만약 공부를 하지 않고 생각도 하지 않는다면 다른 동물들과 다를 바가 없겠지요. 설마 여러분들은 돼지처럼 되고

공부하는 인간, 호모 아카데미쿠스

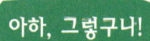

사람을 "호모 아카데미쿠스(Homo Academicus)" 즉 "공부하는 인간"이라고 말하기도 해요. 사람들 자신이 공부를 한다는 것을 깨닫고, 이러한 이름을 붙인 것이랍니다. 사람은 공부를 통해서 문화와 역사의 발전을 꾀할 수 있는 유일한 동물이라고 할 수 있답니다.

싶지는 않겠죠?

사람을 '만물의 영장'이라고 하잖아요. 세상에 있는 어떤 것들보다 우위에 있어서 세상을 이끌어 가는 역할을 하는 게 사람이잖아요. 그러니까 더욱 공부를 해야겠죠.

그리고 사람의 뇌는 공부를 통해서 발달한답니다. 근육이 있어야 운동을 하고, 운동을 해야 근육이 생기는 것과 같은 원리랍니다.

공부는 머리를 좋게 하기도 해요

공부를 통해서 뇌가 골고루 발달하면 좋은 점이 많지요. 무언가를 외우는 암기력도 좋아지고, 문제가 생겼을 때 해결하는 능력도 생깁니다. 그리고 새로운 것을 익히는 데 걸리는 시간도 줄어들고, 새로운 것도 창의적으로 만들어 낼 수 있답니다. 뇌가 발달하면 잘할 수 있는 것들이 아주 많답니다.

공부와 뇌의 역할

어른의 뇌 무게는 약 1.4킬로그램 정도이고 약 140억 개의 뇌세포를 갖고 있으며, 뇌세포 하나하나에 몇 천 몇 만 개의 *시냅스라는 신경세포 연결망이 있습니다.

뇌는 보고, 듣고, 느끼는 등의 감각과 걷고, 운전하고, 도구를 만지고, 운동하는 등의 행동과 호흡, 배설, 소화 등 사람을 살 수 있게 하는 모든 것을 책임지고 있답니다. 이렇게 뇌가 하는 일이 많고 중요하기 때문에 잘 관리하고 발달시켜야 한답니다.

---

*시냅스

뇌의 신경세포를 잇는 접합 부분을 시냅스라고 한답니다. 신경세포를 '뉴런'이라고도 하지요. 뇌에는 몇 천 억 개의 신경세포들이 아주 복잡한 신경망으로 구성되어 있답니다. 한 개의 신경세포에는 몇 천 개의 다른 신경세포들과 신호를 주고받는 시냅스가 연결되어 있어 인간이 학습을 위한 기억이나 지적 능력 등을 발휘할 수 있답니다.

초등학교 3학년 때 학습 두뇌 기능이 활발해요!

대부분의 사람들은 이렇게 중요한 뇌에 대해서 별로 관심이 없는 것 같아요. 컴퓨터 게임이나 스마트폰에 대해 아는 것보다 더 모르는 것 같아요.

15세 이전에 뇌를 어떻게 사용하고 발달시키는가에 따라 그 이후의 뇌 기능이 결정된답니다. 그렇기 때문에 자신을 사랑하는 친구라면 몸과 함께 뇌도 잘 관리하고 발달시켜야 하겠죠? 축구를 잘하거나 발레를 잘하려면 열심히 연습해야 하듯이, 뇌도 알맞게 자극과 훈련을 시켜 주어야 잘 발달할 수 있답니다.

특히 초등학교 3학년부터는 학습하는 두뇌 기능이 활발하게 발달해서 이때부터 차근차근 공부를 하면 스스로에 대한 만족감도 생기고, 자신감도 생기면서 스스로를 사랑하는 자존감도 높아지게 된답니다.

신 나는 공부, 꿈을 이루어 가는 멋진 나!

여러분은 꿈을 이루기 위해서 우선 공부를 해야 합니다. 그래서 공부를 잘하려면 자기가 이루고 싶은 꿈부터 찾아야 하겠죠? 예를 들어 선생님이 되고 싶다거나 음악가, 축구 선수, 의사, 사업가 등등. 그리고 꿈속에는 훌륭한 목표가 있어야 해요. 그 꿈은 나의 욕심만 채우는 것이 아니라 꿈을 통해 나를 바르게 사랑하고, 다른 사람을 존중하며, 사회에 도움을 주는 등의 역할도 담고 있어야 한답니다. 그래야 꿈에 도달한 뒤에 사람들에게 존경받는 자신의 멋진 모습을 생각하면서 공부에 더 집중할 수 있답니다.

꿈을 써 보면, 더 잘 이룰 수 있어요

요즈음 어린이들에게 꿈을 물어보면 "마음껏 돈을 쓸 수 있는 것"이라고 하는 경우가 많습니다. 그러나 그런 생각을 꿈으로 갖는다면, 그 꿈은 이루기 힘듭니다. 왜냐하면 꿈을 이루기 위해서는 견뎌야 하는 것들이 많은데, 자기 욕심만 채우려고 공부를 한다면 목표를 잃을 수도 있기 때문이지요. 그러나 꿈에, 사회의 발전을 꾀하고 나눔을 실천하기 위한 목표도 담고 있다면 꿈을 이루는 도중에 생기는 어려움을 극복할 수 있답니다.

그렇다면 여러분들은 어떤 목표를 꿈에 담고 싶은가요? 곰곰이 생각해서 기록해 보세요. 세상을 위해서 훌륭한 일을 한 사람들의 책을 읽거나 부모님 혹은 선생님에게 도움을 청해 보세요. 그리고 기록해 보세요. 꿈을 기록한 친구들은 그 꿈을 꼭 이룰 수 있답니다. 왜냐하면 꿈을 기록하다 보면 자신이 해야 할 일이 무엇인지를 더 정확히 알게 되어, 꿈을 이루기 위한 노력을 더 많이 하기 때문이지요.

꿈에 담고 싶은 목표들

목표를 이룰 수 있는 나의 꿈

3 뇌를 발달시키면 공부를 잘할 수 있어요

> 어린이들은 모두 공부를 잘하고 싶답니다. 하지만 이러저러한 이유로 공부를 잘 못하는 어린이들이 많지요. 그럼 어떻게 하면 공부를 잘할 수 있을까요? 머리가 좋다고 모두 공부를 잘하는 것은 아니지만 뇌가 건강해지면 집중력이 생겨서 공부를 잘할 수 있답니다.

이렇게 하면 머리가 좋아진대요

뇌신경 세포는 어느 시점부터 새로 만들어지지는 않습니다. 하지만 잘 먹고, 잘 자고, 적절한 운동을 하고, 건강한 마음으로 효과적인 학습을 하면 신경세포 연결망 구조가 치밀해져 두뇌 기능이 좋아질 수 있답니다.

그리고 나이에 맞는 학습을 하는 것도 뇌 발달에 좋습니다. 요즈음 선행학습이 유행하고 있습니다. 자기 학년에서 배우고 있는 내용도 잘 알지 못하는 학생에게 한 학년 위의 내용을 공부하게 하는 것은 뇌 발달을 방해하

고 공부에 대한 흥미를 잃게 할 수 있습니다. 그래서 자기 학년의 학습 내용에 맞게 공부하는 것이 중요하지요.

잘 먹기

음식을 잘 먹어야 에너지가 만들어져 뇌 기능이 원활해질 수 있습니다. 특히 뇌는 '신경전달물질'이라는 것이 만들어져야 기능을 할 수 있지요. 그래서 에너지가 꼭 필요하답니다. 어떤 영양소와 에너지가 필요한지 알려 줄

게요. 뇌가 제대로 기능을 하려면 탄수화물이 필요하고, 신경전달물질이 잘 만들어지려면 단백질, 지방, 각종 비타민, 칼슘, 철분 등이 필요합니다.

 필요한 영양분이 모자라면 뇌가 활발하게 작용할 수 없겠죠? 그렇기 때문에 음식을 골고루 잘 먹어야 합니다. 특히 뇌는 에너지를 오랫동안 저장할 수 없기 때문에 아침은 꼭 먹어야 한답니다. 밤에 자는 동안 음식을 섭취하지 않았기 때문에 아침밥을 안 먹으면 에너지가 부족해서 뇌 활동이 느려

아하, 그렇구나!

뇌 기능이 원활하려면 음식을 골고루 먹어야 해요!

몸이 아프지 않고 건강하고, 활기차게 생활하려면 음식을 골고루 먹어야 합니다. 그리고 뇌도 활발하게 잘 작용하려면 몸에 필요한 영양소를 골고루 섭취해야 하지요. 영양소는 우리 몸에 유용하게 쓰이는 식품에 있는 성분들을 말하지요. 우리 몸에 필요한 영양소에는 탄수화물, 단백질, 지방, 무기질, 비타민 등이 있습니다.
탄수화물은 우리 몸에서 힘을 내는 일을 하고, 단백질과 지방은 몸의 조직을 구성하는 일을 하지요. 무기질과 비타민은 몸의 기능을 조절하는 일을 한답니다. 국수, 밥, 고구마, 감자, 빵 등에는 탄수화물이 있고, 버터, 잣, 식용유 등에는 지방이 들어 있고, 콩으로 만든 식품, 달걀, 돼지고기, 소고기, 닭고기 등에는 단백질이 있답니다.
멸치, 우유, 치즈, 요구르트, 미역 등에는 무기질이 있으며, 각종 채소와 과일에는 비타민이 있답니다. 이렇게 각각의 식품에 들어 있는 영양소를 골고루 먹어야 신체와 정신이 건강하게 잘 자랄 수 있답니다.

지고 집중력도 떨어지게 되지요. 또한 불규칙한 식사도 몸의 리듬을 깨트려 마음까지 불안정하게 되어 뇌 기능을 나쁘게 만든답니다.

잘 자기

뇌신경 세포는 낮 동안 많은 양의 정보를 처리해야 하기 때문에 피곤하답니다. 그래서 회복하는 시간과 받아들인 정보를 정리하는 시간이 필요하지요. 피곤한 뇌신경 세포들을 쉬게 하지 않으면 뇌세포들은 제대로 활동할 수 없답니다. 잠은 피곤한 뇌세포를 회복시키는 역할을 하지요. 잠을 잘 자고 나면 머리가 맑아지고 개운한 느낌이 드는 것은, 뇌의 회복 기능 때문이랍니다.

뇌는 잠자는 동안 낮에 입력된 정보들을 지워야 할 것과 오랫동안 보관할 것으로 정리합니다. 밤에 잠을 자는 동안 뇌가 이렇게 정리해 주어야 다음 날 활동을 잘할 수 있답니다. 특히 밤 10시에서 새벽 2시 사이에 잠을 자는 것이 뇌 건강에 아주 좋답니다.

운동하기

근육을 움직이는 것도 뇌 발달에 영향을 줍니다. 운동이나 놀이를 통해 두뇌 발달을 꾀할 수 있습니다. 움직이는 활동을 하면 소뇌가 활발하게 작용해서 뇌의 다른 부분도 자극을 받게 된답니다. 텔레비전이나 스마트폰처럼 앉아서 손가락과 눈만 움직이는 행동은 뇌 기능을 떨어뜨리지요. 규칙적으로 몸을 크게 움직이는 운동을 해서 뇌를 자극시켜 주어야 뇌 발달에 좋답니다.

여러분 중에는 움직이기 싫어하는 친구들이 있는데 신체와 뇌 발달을 위해서 귀찮더라도 몸을 꼭 움직이도록 해야 합니다. 큰 근육과 작은 근육을 골고루 사용해서 규칙적으로 운동을 하면 기분이 좋아지는 호르몬도 나와서 몸과 마음이 모두 건강하게 자랄 수 있답니다.

생각하기

'생각하기'도 뇌를 발달시키는 방법 가운데 하나입니다. '무엇일까?', '왜 그럴까?', '어떻게 하는 걸까?', '어떻게 될까?', '무엇 때문일까?' 등의 생각하는 습관이 뇌 발달에 좋습니다.

인간의 삶을 연구하는 철학자들은 "생각하지 않고 책을 읽는 것은 씹지 않고 음식을 먹는 것과 같다."고 했답니다. 뇌 과학자들도 "생각하지 않고 말하는 것은 뇌 발달에 도움을 주지 못한다."고 했습니다.

여러분도 가끔은 거실에서 누워 하늘을 바라보세요. 그리고 몸을 뒹굴뒹굴 굴려 가며 이런저런 생각을 해 보세요. 마음도 편해지고 여유가 생기면서 행복한 생각이 들 거예요. 이렇게 어린이 여러분만의 생각 놀이터를 만들어 보세요. 텔레비전이나 스마트폰보다 더 즐겁게 창의적인 상상을 할 수 있답니다.

건강한 마음

마음이 건강한 어린이들은 다른 친구의 마음도 헤아릴 수 있고 아름다운 것을 보면 감탄하고, 잘못된 것을 보았을 때는 안타까워하고, 아기를 보면 안아 주고 싶은 건강한 마음을 갖고 있습니다.

이렇게 건강한 마음을 갖기 위해서는 가족과 이야기도 많이 나누고, 친구들과도 친하게 지내야 하지요. 그리고 친척집도 가끔 방문하고, 여러 가지 취미 활동도 해야 한답니다.

《탈무드》에서 '요하난'은 이렇게 말했습니다.

"건강한 마음이 최고의 재산이다."

이렇듯 마음은 우리에게 매우 중요하답니다. 여러분의 마음은 건강한가요?

초등학교 교과서부터 꼼꼼히 보세요!

머리를 써야 뇌가 발달한다고 했죠? 머리를 쓰는 방법 중에 하나가 초등학교 교과서를 공부하는 것이랍니다. 교과서는 나이에 맞게 다양한 방법으로 뇌를 골고루 사용할 수 있도록 만든 교육 프로그램입니다.

교과서는 어린이 발달 단계에 맞춘 과학적인 책이에요

교과서는 학생들의 발달 특징과 마음을 잘 알고 있는 선생님들이 만든 책이랍니다. 어린이들의 몸과 마음이 건강하게 잘 자라도록 하기 위해서 만든 과학적인 교재이지요.

6년 동안 학교에서 배우는 교과서를 성실하게 공부만 한다면 여러분의 뇌는 골고루 촘촘하게 발달할 수 있답니다. 교과서는 여러분이 새롭게 받아들인 정보를 뇌가 잘 기억할 수 있게 구성한 책이랍니다. 그래서 초등학교 때는 교과서 외의 것들을 보는 것보다는 교과서를 집중적으로 보는 것이 공부나 두뇌 발달에도 더 좋은 결과를 가져올 수 있답니다.

 엄마 아빠, 보세요!

학습신호등으로 아이의 공부 수준을 알아보세요!

삐뽀삐뽀! 학습신호등에 빨간색 불이 켜졌어요

부모님과 아이 모두 다음과 같이 생각한다면 학습신호등에 빨간불이 켜진 거랍니다. 더 늦기 전에 문제점을 찾고 엄마 아빠와 함께 차근차근 문제를 풀어 가세요. 필요할 경우 학습 상담을 통해 아이의 문제에 대처할 수 있는 방법을 찾아보도록 하세요.

① '공부'라는 말만 들어도 화가 나요.
② 공부를 생각만 해도 배나 머리가 아파요.
③ 공부는 고통 그 자체예요.
④ 공부는 지구에서 사라져야 해요.
⑤ 공부는 나의 적이에요.

깜박깜박! 학습신호등에 노란색 불이 켜졌어요

부모님과 아이 모두 다음과 같이 생각한다면 학습신호등에 노란불이 켜진 거랍니다. 공부를 해야겠다고 생각은 하지만 어떻게 해야 할지 모르거나 공부 때문에 실망한 경험이 있다면 노란색 학습신호등에 해당합니다. 공부 방법과 아이의 공부 상처에 대해 함께 이야기를 나누도록 하세요. 이런 경우 학습 심리 검사를 통해 아이를 객관적으로 이해하는 것도 도움이 된답니다.

① 공부하려고 책상에 앉으면 딴 생각이 계속 나요.
② 공부를 열심히 하는데도 내용을 잘 모르겠어요.
③ 공부를 잘하고 싶은데 잘 못할 것 같아 걱정이 돼요.
④ 공부는 엄마 아빠가 하라고 말할 때만 하면 돼요.
⑤ 공부는 내 적성에 맞지 않아요.

하하호호! 학습신호등에 초록색 불이 켜졌어요

부모님과 아이 모두 다음과 같이 생각한다면 학습신호등에 초록불이 켜진 거랍니다. 파티를 열어서 축하해 주세요. 파티를 통해 아이를 응원하고 함께 행복한 기분을 느껴 보세요.

① 공부할 때 힘들기는 하지만, 다하고 나면 뿌듯해요.
② 나보다 공부를 잘하는 친구도 많지만, 나도 공부하면서 아는 것이 많아져서 기뻐요.
③ 규칙적으로 공부하는 습관이 생겨서 학교 숙제를 밀리지 않아요.
④ 공부를 하기 위해 텔레비전을 보는 것과 스마트폰 게임을 하는 시간을 조절할 수 있어요.
⑤ 수업 시간에 배우는 것과 책 읽는 것이 즐거워요.

알고 싶은 이야기

뇌 구조를 알면 행복한 생활을 할 수 있어요

사람의 뇌는 3층으로 이루어져 있어요

먼저 뇌의 큰 틀을 알아보기로 해요. 사람의 뇌는 크게 3층으로 되어 있어요. 가장 아래에 있는 뇌는 '생명의 뇌'인데 1층이라고 할 수 있지요. 생명의 뇌는 호흡, 심장 박동, 혈압 조절과 같이 생명을 유지하는 데 필요한 기능을 담당해요. 그래서 이름을 '생명의 뇌'라고 붙였고, 가장 원시적인 뇌라고 해서 '파충류의 뇌' 혹은 '본능의 뇌'라고도 한답니다.

중간층은 '감정의 뇌'로 모든 정보를 위아래로 전달해 주는 중간 정거장 역할을 하며 감정 기능을 담당합니다. 포유류가 애정과 흥분을 나타내는 감정적 행동을 하기 때문에 감정의 뇌를 '포유류의 뇌' 혹은 '감정의 뇌'라고도 하지요. 2층으로 볼 수 있어요.

가장 높은 수준의 정신 기능과 창조를 담당하는 3층 뇌는 '인간의 뇌'입니다. 학습과 기억을 담당하는 중요한 부위로 '대뇌피질' 또는 '이성의 뇌'로 부르기도 합니다. 이 세 개의 뇌가 훌륭하게 협동 작업을 하면 건강하고 행복한 생활을 할 수 있답니다.

'인간의 뇌'에 해당하는 대뇌피질에 대해 알아보기로 해요. 대뇌피질에서는 학습과 기억뿐 아니라 여러 정보를 모아 해석하고 처리하는 등의 역할도 한답니다.

대뇌피질이 발달하면 공부도 잘할 수 있어요

대뇌피질은 전두엽, 측두엽, 두정엽, 후두엽 등으로 구분됩니다. 전두엽은 대뇌피질의 앞부분으로 가장 넓은 부분을 차지하고 있지요. 생각하기, 언어, 주의 집중, 계획하기, 의사 결정, 도덕성, 인간성 등 사람의 높은 차원의 정신 활동이

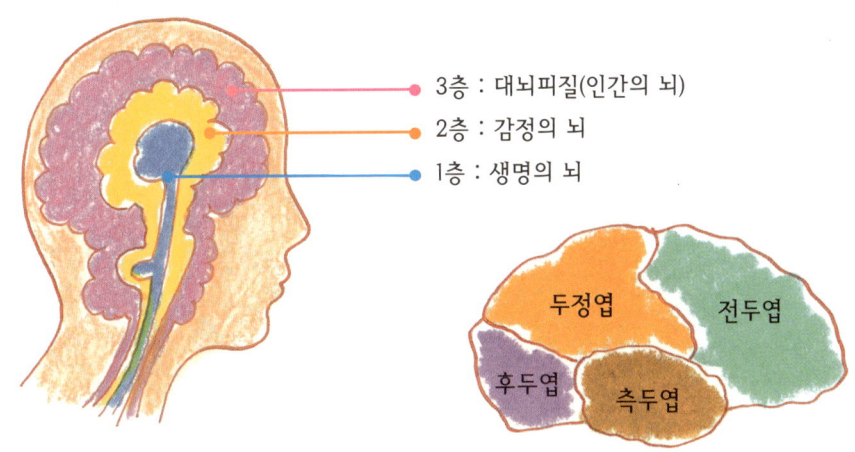

이루어지는 부분입니다.

측두엽은 대뇌피질 옆부분으로 듣기, 언어를 이해하는 능력, 기억 기능, 통찰력 등을 담당하지요. 이 부분이 심하게 손상되면 말을 하지 못하는 실어증에 걸리기도 한답니다.

두정엽은 대뇌피질 윗부분에 있습니다. 몸의 감각이나, 공간 이해, 수학적 계산을 하며, 압력이나 온도 혹은 촉각과 통각 및 몸의 위치 등 외부로부터 오는 정보를 종합해서 각 부위로 전달하는 역할을 하지요.

후두엽은 대뇌피질 뒤쪽에 있으며, 주로 시각과 공간에 대한 것들을 분석합니다. 눈으로 들어온 시각 정보는 후두엽에서 물체의 모양이나 위치, 운동 상태를 분석하게 되지요.

뇌의 어느 부위가 발달하면 공부를 잘할 수 있을까요? 답은 대뇌피질의 모든 부위가 적절히 발달해야 잘할 수 있답니다. 그렇다면 대뇌피질을 어떻게 발달시켜야 할까요? 뇌신경 세포 사이의 시냅스 회로를 치밀하게 만들어 주면 된답니다. 회로가 치밀해지는 방법은 모든 뇌신경 세포를 많이 사용하고 적절하게 휴식을 취해 주면 됩니다. 대뇌피질의 뇌신경 세포를 사용하는 방법에는 여러 가지 경험, 학습, 사람들과의 교류 등이 있지요.

4 행복하고 즐겁게 공부하는 방법이 있어요

공부를 잘하려면 가장 기본이 되는 방법을 알아야 한다고 합니다. 그런데 어린이들뿐만 아니라 어른들도 대부분은 그 방법을 모른답니다. 공부를 잘하려면 우선 설레는 마음이 있어야 한대요. 그래야 수업을 잘 듣고 집중할 수 있기 때문입니다. 기대와 설렘이 없다면 공부에 집중할 수 없답니다.

공부는 무엇을 배울지 기대하는 것이에요

모든 친구들이 똑같이 90점을 넘거나 좋은 등수를 받아야 하는 것은 아닙니다. 각자 노력해서 자신이 할 수 있는 수준까지 오르면 된답니다. 그렇게 하려면 공부하면서 설레고 감탄하는 경험을 해야 한답니다.

설레는 마음이 있어야 수업에 집중할 수 있어요

여러분은 생일이 가까워지면 엄마 아빠가 어떤 선물을 주실지 궁금해하면서 기대를 하지요? 기대를 하면 설레게 되고, 설레면서 기다리던 선물을 받으면 신이 나서 선물 포장을 뜯어 보게 되지요. 정말 흥분되는 순간이죠?

공부도 마찬가지랍니다. '오늘 수업 시간에 배우는 것이 무엇일까?' 하고 기대를 하면 설레게 되고 그 마음으로 수업을 들으면 집중하게 되고, 잘 알아듣는 것이 생기면 뿌듯하고 재미있을 거예요. 물론 기대를 갖고 설레면서 수업을 들었는데도 잘 모르는 경우에는 답답하고 재미없고 실망하기도 해요. 그럴 때는 모르는 것을 수업 시간이나 수업이 끝난 뒤에 선생님께 물어보세요. 그 내용을 공책에 차례대로 기록해 놓으면 다음 시간에는 수업 내용을 잘 알아 듣게 되어 공부의 재미를 알아 가게 될 거예요.

그런데 아무런 기대와 설렘 없이 수업을 듣는 자세는 문제가 있습니다. 그렇게 되면 수업에 관심이 없어서 모르는 것이 무엇인지도 알 수 없기 때문이지요. 모르는 것이 있으면 질문을 해서 도움을 얻을 수 있지만, 자신이 무엇을 모르는지조차 모른다면 선생님이나 부모님이 도와주기 힘이 들겠죠?

"내일 수업 시간에 배울 내용이 기대된다!"

오늘부터 내일 수업 시간에 무엇을 배울지에 대해서 기대해 보세요. 무엇을 배울지에 대해서 기대하는 것은 누구나 할 수 있는 일이랍니다.

이러한 태도는 신기하게 여러분의 얼굴을 밝게 하고, 집중하게 하고, 노력하게 만든답니다.

여러분! 어깨를 쭉 펴고, 두 눈을 반짝반짝 빛나게 하고, 귀를 쫑긋 세우고, 가슴에는 기대와 긍정의 힘을 가득 채우고 수업을 들어보세요. 여러분이 3주 동안만 이렇게 한다면 공부 태도에 놀라운 변화가 생긴답니다. 이러한 태도 변화만으로 여러분의 생각을 긍정적으로 바꿀 수 있습니다. 여러분 다음 글을 연필로 써 보고 소리를 내어 읽어 보세요.

"내일 수업 시간에 무엇을 배울지가 기대된다!"

배운 것들을 쉽게 익히는 방법

수업을 듣는 것만으로는 새로운 지식을 습득하기 어렵습니다. 그래서 수업 시간에 배운 내용을 다시 보아야 합니다. 처음 들었을 때 알지 못했던 것을 다시 찬찬히 보면 이해할 수 있고, 때로는 잘못 알았던 것도 바로잡을 수 있습니다.

공부할 때 중요한 것은 정확히 아는 것입니다. 애매하게 알았거나 잘못 알게 되면 혼란만 올 수 있기 때문이지요. 그래서 시험 볼 때 실수를 하게 됩니다. 시험에서 아는 것을 틀렸다고 억울해하는 때가 있습니다. 그러나 정확하게 알고 있다면 절대로 틀리지 않습니다.

매일 학교에서 배운 것을 집에 와서 읽어 본다면 실력은 향상되고, 힘들게 학원에 다닐 필요도 없답니다. 이렇게 하려면 생활 습관을 잘 들여야 해요.

자신이 알게 된 것을 공책에 기록해 보세요

그날 수업한 내용을 공책에 5줄~10줄로 정리해 보세요. 처음부터 잘하려고 하지 말고 배운 것을 간단히 기록해 보세요. 중요한 것은 매일 하는 것이랍니다. 쓰기는 눈, 귀, 손 근육을 함께 사용하기 때문에 기억이 더 잘되고, 배운 것을 요약하는 능력까지 좋아지게 한답니다.

글씨를 잘 쓰면 좋겠지만 혹시 예쁘게 쓰지 못해도 상관없습니다. 자꾸 쓰다 보면 손 근육이 발달해서 점차 글씨 쓰는 능력도 좋아진답니다. 이처

럼 1년~2년 계속하다 보면 공부에 대한 자신감이 생기게 된답니다.

흥미와 용기를 갖고 새로운 학습에 도전해 보세요

　공부는 새로운 것에 도전하는 것입니다. 알지 못했던 것을 알려고 하고, 해 보지 않았던 모험을 해 보는 게 공부랍니다. 여러분이 모험을 한다면 어떤 모험을 하고 싶은가요?

　새로운 것에 도전하는 것이 처음에는 두렵지만 계속하다 보면 용기가 생기게 된답니다. 실패를 견디는 훈련도 자연스럽게 되면서, 새로운 것을 알게 되는 기쁨도 경험하게 된답니다. 좋은 결과를 얻으려면 처음에는 쉬운 것부터 도전하는 게 좋습니다. 도전하고 싶은 것을 목록으로 만드는 것도 중요하지요. 도전하고 싶은 것을 목록으로 만들고, 하나씩 도전해 가면서 자신의 기분을 적어 보세요. 자! 지금 곧바로 해 볼까요?

도전 목록표

궁금한 것	도전한 날짜	도전한 뒤의 기분

여러분의 책을 만들어 보세요

여러분이 초등학교에서 배운 것 가운데 가장 잘 알고 있거나 재미있다고 생각하는 것은 무엇인가요? 그것을 가지고 여러분의 이름으로 얇은 책 한 권을 만들어 보세요. 이 책은 세상에서 하나뿐인 책이 되겠죠?

물론 내용이 유치할 수도 있고, 틀린 부분이 있을 수도 있지만 여러분이 배운 것을 정리하면서 생각하는 힘도 기를 수 있고, 공부에 대한 자신감도 키울 수 있답니다. 그리고 자신이 직접 만든 책을 보는 순간 행복감도 느낄 수 있답니다. 어렵게 생각하지 말고 아래 순서대로 해 보세요.

첫째, 무엇에 대해 쓸 것인지 정하세요.
둘째, 자료를 모아 보세요.
셋째, 모은 자료를 내용별로 정리해 보세요.
넷째, 정리한 것을 새 공책에 이해하기 좋고 보기 좋게 구성해 보세요.
다섯째, 책 표지 디자인을 하세요.
여섯째, 책 제목, 글쓴이, 책 나온 날을 기록하세요.
일곱째, 엄마 아빠와 친구들에게 소개하세요.

책 표지 _____

책 제목 _____

글쓴이 _____

책이 나온 날 _____

마음이 따뜻해지는 이야기

"사랑하는 법부터 배워야 해요!"

'도자기 토끼' 이야기에서 사랑을 배워요

　미국의 작가 '케이트 디카밀로'는 《에드워드 툴레인의 신기한 여행》이라는 동화를 썼어요. 주인공은 도자기로 만든 토끼 '에드워드 툴레인'이었지요. 에드워드 툴레인은 애빌린이라는 여자 아이에게 사랑을 듬뿍 받으면서 살았답니다. 그러나 토끼 인형 에드워드 툴레인은 여행을 하다 깊은 바다에 빠지면서 힘든 시간을 보내게 되었지요. 바다에서 겨우 건져진 뒤에 쓰레기에 묻히는가 하면 몸이 산산조각 나기도 했어요. 다행히 그때마다 어부, 개, 인형 수선공이 구해 주고, 살려 주었답니다.

신기한 모험과 아름답고 따스한 사랑

오랫동안 떠돌아다니며 고생을 한 에드워드 툴레인은 자신이 사랑받을 줄만 알았지 할 줄은 몰랐다는 것을 알게 되었지요. 자신을 사랑해 주는 주위의 많은 사람들에게 무심하게 대하는 실수를 했다는 것을 고생하면서 알게 되었답니다. 여러분은 어떤가요?

에드워드는 신기한 모험을 하면서 마침내 사랑하는 법을 배우게 되었지요. 너무 편안하게 사는 많은 사람들이 때때로 아픈 사람들의 마음을 이해하지 못하고 자기 생각만 한다는 것을 알게 되었습니다.

반대로 자신도 돌보기 힘든 사람들이 어려움에 처한 사람을 돕는 것을 보면서, 사랑은 무엇을 바라고 하는 것이 아니라는 것도 깨달았답니다.

여러분도 이 책을 통해 진정한 사랑이 무엇인지를 깨달았으면 좋겠어요.

5 학년마다 공부 단계가 달라요

2학년들이 5,6학년들만큼 공부를 한다면 아마 얼마 못 가서 지겨워질 거예요. 공부도 시기마다 적절한 시간과 방법이 있답니다. 무턱대고 책상에만 앉아 있다면 성적도 오르지 않을뿐더러, 좋지 않은 습관 때문에 영영 공부에 대한 흥미를 잃을 수도 있답니다. 따라서 학년별로 알맞은 공부 습관을 들이는 것이 아주 중요하답니다.

저학년에 알맞은 공부 방법

학년마다 공부를 잘할 수 있는 방법이 있답니다. 1학년은 1학년에 맞게, 3학년은 3학년에 맞게, 고학년은 고학년에 맞게 공부를 한다면 공부가 즐거울 수 있을 거예요. 저학년인데도 고학년의 방법대로 공부를 한다면 금세 지치고, 힘에 부쳐서 공부를 멀리하게 될 거예요.

1학년은 하루 45분 공부 습관을 들여요

초등학교 1학년은 하루 45분씩 일주일에 5일 정도 꾸준히 하면서 규칙적인 학습 습관을 들이도록 합니다. 그러다 보면 어린이들 스스로 정해진 시간 동안 효과적으로 학습하는 법을 익힐 수 있답니다. 그럼, 어린이들이 45분 동안 무슨 공부를 어떻게 할지 계획을 세워 보지요.

45분의 학습 시간은 국어 15분, 수학 15분을 기본으로 하고 남은 15분은 다양한 과목을 고루 나누어서 교과서 위주로 계획을 짜 보세요. 그런데 이 계획에는 학교 숙제와 스스로 하는 공부도 포함되어야 합니다. 이 시간이 지나면 공부가 지루하고 재미없어질 수 있으므로, 초등학교 1년 동안은 이 학습 시간을 지키도록 해야 합니다.

기초를 튼튼하게 하는 2학년

2학년 때, 달라지는 점은 학습 시간을 45분에서 60분으로 늘리는 것입니다. 이때부터는 특별 활동 학습도 시작해 보세요. 2학년에서도 1학년 때 사용했던 주간계획표를 계속해서 사용해야 합니다. 그러나 2학년부터는 계획대로 지켰는지를 어린이 스스로 확인할 수 있어야 하지요.

이즈음의 아이들은 무엇인가를 외우는 암기력이 뛰어나므로 구구단, 동시, 알파벳, 노랫말, 속담 등을 외우면 좋습니다. 암기 활동을 통해 뇌를 부지런히 움직이면 뇌신경을 연결하는 시냅스가 많이 만들어져 뇌 기능이 활

발해진답니다.

3학년 때는 자기 주도 공부 습관을 들여야 해요

초등학교 3학년이 되면 어린이들은 자신을 친구들과 비교하기 시작합니다. 뿐만 아니라 학교 성적이나 도덕성, 사회성, 외모, 운동 능력 등에 대해서도 주위 사람들에게 평가를 받기 시작하지요. 이 과정에서 스스로를 어떻게 평가하는지 또는 친구나 주위 사람들에게 어떤 평가를 받는지에 따라 자존감이 강해지거나 약해지게 됩니다.

이 시기에 독립적으로 생활할 수 있는 아이들은 자신에 대해 긍정적으로 생각하게 되고, 다른 친구나 사람들의 평가에 대해서도 마음의 중심을 갖고 대할 줄 알게 됩니다. 이러한 과정을 거치면서 어린이들은 다른 친구나 사람들의 영향에 대해 스스로 생각하고 판단하는 능력을 갖추게 되지요.

그러나 엄마 아빠에게 모든 것을 의존하는 수동적인 아이는 자신의 생각대로 계획을 짜거나 실천하기가 힘이 듭니다. 그리고 스스로 해낸 경험이 적어서 감정 조절에도 문제가 생길 수 있습니다. 이런 어린이들은 자신을 객관적으로 살피지 못할 뿐 아니라, 다른 사람들의 평가에 쉽게 움츠러들거나 풀이 죽기 쉽습니다.

따라서 초등학교 3학년부터는 스스로 하는 공부를 시작해야 합니다. 이렇게 자기 주도 학습을 하면 순간적인 충동도 다스릴 수 있는 능력도 커진답

니다. 이런 능력은 공부 습관과 능력에 많은 영향을 줄 뿐만 아니라 밝은 성격을 만드는 데도 중요한 역할을 하지요.

　우선 하루 공부 시간을 1시간 30분으로 늘리고, 30분씩 시간을 나누어 필요한 과목들을 공부해 보세요. 아직은 스스로 공부하는 습관이 완전하지 않기 때문에 엄마 아빠와 자주 대화하는 것도 중요합니다. 그러다 보면 무엇이 어렵고, 어떤 도움이 필요한지를 알 수 있고, 엄마 아빠에게 격려와 응원도 받을 수 있으니까요.

　한 달에 한 주 동안은 계획에 따라 엄마나 아빠 도움 없이 스스로 공부를 해 보도록 합니다. 그러고는 스스로 공부하면서 느낀 문제들을 엄마 아빠에게 이야기해 보세요.

고학년에 알맞은 공부 방법

초등학교 4학년이 되면 어린이들은 저마다 좋아하는 분야가 생깁니다. 그리고 그 분야의 활동에 깊이 빠져드는 몰입을 경험하기도 합니다.

몰입을 배우는 4학년

몰입을 잘 활용하면 공부에 도움이 될 수 있습니다. 특기 활동이나 공부 중에서 자기가 좋아하거나 자신 있는 것을 6개월 이상 해 보세요. 이러한 경험은 훗날 직업을 선택할 때도 도움이 됩니다. 또한 살면서 어려운 일이 생

길 때마다 이런 몰입 순간을 떠올리면서 힘든 일을 극복할 수도 있습니다. 다음은 무언가에 깊이 빠져들거나 파고드는 몰입의 순서랍니다.

첫째, 6개월 이상 해 보고 싶은 것을 선택합니다.
둘째, 해 보고 싶은 것에 대한 나의 태도나 경험을 기록합니다.
셋째, 일주일에 몇 시간 정도 집중할지를 결정합니다.
넷째, 어떤 방법으로 어느 정도까지 할 것인지를 계획합니다.

이러한 순서로 스스로 '몰입 계획표'를 만들도록 합니다. 다 만든 뒤에 엄마 아빠에게 의견을 묻도록 하세요.
이런 과정을 통해서 어린이들은 자신을 관찰하게 되고 스스로 계획을 세우는 경험을 하게 됩니다. 그리고 몰입을 통해서 자신의 능력도 찾아내고, 무언가를 이루고 난 뒤의 만족감도 맛볼 수 있답니다.
이러한 경험은 자신의 생각과 집중력을 키우는 데도 도움을 줄 것입니다. 관찰, 창작, 독서 세 가지만 잘해도 초등학교 4학년 시기에 필요한 학습의 반은 이룬 것이나 다름없답니다.

시험을 통해 공부법을 배우는 5학년
4학년까지는 공부 습관 들이기에 집중해 왔다면, 5학년부터는 공부 결과에 영향을 주는 것을 확인해야 합니다. 공부한 것을 확인하는 방법으로는

  시험이 좋습니다. 조금 긴장해서 시험을 준비하고, 목표와 결과에 대한 평가를 경험하게 되는 시험은 '공부의 종합 결과'라고 할 수 있습니다.

  이런 과정을 통해 어린이들은 지식뿐만 아니라 마음의 불안을 조절하는 힘과 집중하는 힘, 그리고 시험 결과에 대한 마음 다스리기 등을 확인해 볼 수 있습니다. 또한 자신이 선택한 방법의 장점과 약점 등을 알아보고, 그 결과를 통해서 좀 더 나은 공부법이나 목표도 찾을 수 있답니다.

  이렇게 정해진 시간 동안 정해진 학습량을 공부하면서 인내심을 키우고 집중력도 키울 수 있습니다.

  5학년은 시험 결과에 대한 분석과 해석이 중요한 시기입니다. 맞은 문제와 틀린 문제를 확인한 뒤, 성적이 원하는 수준에 도달하지 못했다면 원인을 살펴보는 것이 중요합니다. 공부 시간이 부족하거나 방법이 잘못된 것은 아닌지, 문제를 잘못 이해했거나 답을 기록하는 과정에서 실수가 있었던 것은 아닌지 알아보도록 합니다. 과목별로 원인을 꼼꼼히 확인한다면 같은 실수를 하는 일이 줄어들 것입니다.

자신의 생각을 말하고, 친구들의 말에 주의를 기울이는 6학년

6학년은 초등학교에서 최고 학년이라는 자부심을 가질 수 있는 시기입니다. 아직 완성되지는 않았지만 사물을 꿰뚫어 보는 통찰력과 그동안 쌓인 지식, 생각하는 능력이 두드러지기에 토론을 통한 학습이 효과적입니다. 이 시기에 열린 자세로 자유롭게 대화하고 토론을 하다 보면 한층 더 창의적으로 생각할 수 있는 힘이 커집니다.

이 시기부터는 자신의 꿈이 무엇인지 보다 구체적으로 생각하고 이를 위해 노력할 필요가 있습니다.

공부는 꼭 책을 통해서 배우는 것은 아닙니다. 자신이 좋아하는 것을 찾아서 집중하는 것도 공부라고 할 수 있습니다. 그림을 좋아해서 그림 그리기에 열중한다든가 음악을 좋아해서 피아노와 바이올린 연습에 몰두하는 것도 모두 공부입니다. 자신의 관심과 재능에 맞추어 성실하게 준비하고 노력한다면 그것도 바람직한 공부 자세랍니다.

이렇듯 자신이 하고 싶은 꿈을 찾고 그 꿈을 이루기 위해서 노력을 한다면, 즐겁고 행복하게 공부를 할 수 있답니다.

지혜를 배우는 이야기

지혜의 샘, 《이솝우화》와 《탈무드》

여러분은 지혜를 어디서 얻고 있나요? 사람이 잘 살려면 지혜가 필요하지요. 지혜는 여러 가지 경험, 부모님이나 선생님의 조언, 친구들과의 관계, 독서 등을 통해 얻게 됩니다. 그중에서 독서는 시간과 장소를 뛰어넘어 우리가 경험하지 못한 세상과 생각을 만나게 합니다. 책 속에는 우리가 살지 않았던 선조의 지혜가 담겨 있고, 가 보지 못한 나라의 지혜가 있으며, 알지 못하는 세상에 대한 지혜도 듬뿍 담겨 있습니다.

지혜를 스스로 얻게 하는 책

특히 지혜 이야기로 유명한 책이 있습니다. 바로 《이솝우화》와 《탈무드》입니다. 《이솝우화》와 《탈무드》는 어린이부터 어른까지 부담 없이 읽으면서 '아하!' 하고 깨닫게 되는 재미있고 놀라운 지혜가 담겨 있습니다. 그래서 수많은 사람들이 이 책에서 지혜를 얻고, 이야기의 과정을 보면서 자신의 생각을 정리하고 표현하며 주장할 수 있는 방법도 익히게 된답니다.

《이솝우화》는 전해 오는 이야기에 따르면 '이아드몬'의 노예였으나 뛰어난 지혜와 말솜씨로 존경을 받았던 이솝이 지은 이야기라고 합니다. 2천 년 이상 오랜 세월 동안 수많은 사람들에게 널리 읽히고 있습니다.

《탈무드》는 기원전 500년부터 기원후 500년까지의 구전을 2천여 명의 학자들이 편찬한 유대인의 책입니다. 《탈무드》는 역사와 사람에 대한 이야기가 많이 담겨 있습니다. 단순히 법, 역사, 사람 등에 대한 이야기를 하는 것이 아니

라 '사람이 사는 의미와 사람의 존엄과 행복, 사랑은 무엇인가?' 하는 것 등도 깨닫게 합니다.

여러분 지혜로워지고 싶으세요? 《이솝우화》와 《탈무드》를 또박또박 읽고, 천천히 느껴 보고, 깊이 생각하고, 친구들과 생각을 나누어 보세요. 이야기할 때는 자유롭게 하는 것이 중요합니다. 서로의 말을 인정해 주고 자신의 생각을 분명하게 표현하면서 서로의 생각을 주고받으세요. 느낌도 표현해 보면 좋겠어요. 특히 《이솝우화》에 등장하는 주인공이 되는 상상을 하면서 그 느낌을 경험해 보세요.

생각의 그릇을 키우세요!

《이솝우화》와 《탈무드》를 읽으면서 생각의 깊이와 넓이를 늘려 가세요. 생각의 그릇이 커지면 담을 수 있는 생각과 지식의 양이 늘어날 수 있답니다. 그리고 부드럽고, 따스하고, 넉넉한 마음의 그릇도 만들어 보세요. 마음의 그릇은 친구를 사랑하고 용서하며, 함께 기뻐하고 슬퍼하며, 도와주고 도움을 요청하는 과정에서 예쁘게 만들어진답니다. 이 두 그릇이 함께 잘 만들어져야 지혜가 생긴답니다. 한 가지만으로는 지혜가 절대 만들어질 수 없답니다.

6 공부로 꿈을 이룬 사람들

공부를 열심히 하면 꿈을 이루는 데 도움이 되는 자신감과 만족감을 얻을 수 있어요. 아는 것이 점점 늘어나면서 새로운 것을 배울 때도 흥미 있게 시작할 수 있답니다. 그래서 조금 어려운 일을 만나도 헤쳐 나갈 수 있는 마음의 힘도 생긴답니다. 공부는 꿈을 이루는 좋은 길잡이가 될 수 있기 때문에 공부를 통해서 꿈을 이룬 사람들이 아주 많이 있답니다. 공부를 통해 꿈을 이룬 사람들이 누구일까 궁금하지요?

조선 시대 최고의 지식인 정약용

"100년도 못 사는 인생에서 공부를 하지 않는다면, 이 세상 살다 간 보람을 어디에서 찾을 수 있겠는가?"

조선 시대의 학자인 정약용은 이런 말을 했을 정도로 공부를 삶에서 아주 중요한 것으로 생각했습니다.

황현의 《매천야록》에 따르면 정약용이 어릴 때부터 얼마나 독서와 공부를 열심히 했는지를 알 수 있습니다. 그때 소년이었던 정약용은 북한사라는 절에서 책을 읽기 위해 나귀에 책을 가득 싣고 산을 오르고 있었다고 합

니다. 이때 정약용은 *이서구를 만났답니다.

10일 뒤 이서구는 다시 책을 나귀에 가득 싣고 내려오는 정약용을 보게 되었지요. 이를 본 이서구는 정약용을 꾸짖었습니다.

"왜 책을 읽지는 않고 이리저리 옮기면서 시간을 낭비하는고?"

그러자 정약용은 다음과 같이 대답했답니다.

"책을 이미 다 읽고 절에서 내려오는 길입니다."

＊이서구(1754년~1825년)

한시를 잘 쓰는 것으로 유명한 조선 시대 후기의 학자랍니다. 박제가, 이덕무, 유득공 등과 함께 한시의 4대가라고 불리었답니다. 《정조실록》 등의 편찬에도 참여했지요.

그러자 이서구는 갑자기 큰 소리로 호통을 쳤습니다.

"그 책들을 어떻게 열흘 만에 다 읽었다고 하느냐?"

"읽은 것뿐만 아니라 전부 외웠습니다."

이 소리를 듣고 이서구는 정말 깜짝 놀랐답니다.

공부에 집중하는 습관으로 이룩한 창의적인 생각들

이처럼 정약용은 어려서부터 집중해서 공부하는 습관을 가지고 있었습니다. 몰입하는 공부 습관이 우리가 존경하는 정약용을 만들었다고 할 수 있지요. 이렇게 정약용은 집중해서 공부함으로써 다양한 주제들에 대해 깊게 이해를 할 수 있었고, 깊은 이해를 바탕으로 창의적인 생각을 할 수 있었답니다.

정약용은 집중해서 꾸준히 성실하게 공부하는 것이 중요하다고 강조하곤

했습니다. 스스로 머리가 둔하고 매사에 어근버근하다며 공부에 자신 없어 하던 *황상에게 정약용은 다음과 같이 말했습니다.

"학문을 약간 한다는 사람들에게는 세 가지 큰 문제가 있는데, 첫째는 민첩하게 금세 외우는 것이다. 둘째는 예리하게 글을 잘 짓는 것이고, 셋째는 깨달음이 재빠른 것이다. 그러나 비록 머리는 둔하지만 부지런히 노력하면 안 될 것이 없다. 부지런하고, 부지런하고, 부지런하면 무엇이든 이룰 수 있다."

이 말을 들은 황상은 훗날 정약용의 가장 아끼는 제자가 되었다고 합니다. 정약용이 세 번씩이나 '부지런하라!'고 강조한 것을 보면, 정약용은 부지런히 집중해서 공부하면서 꿈을 이루었음을 알 수 있습니다. 여러분도 정약용의 제자처럼 부지런하고, 부지런하고, 부지런하게 공부해서 또 다른 정약용의 제자가 되어 보지 않을래요?

500여 권의 책을 쓴 정약용은 조선 시대의 중요한 직책을 거치면서 왕과 서민들을 위해서 많은 일을 했답니다.

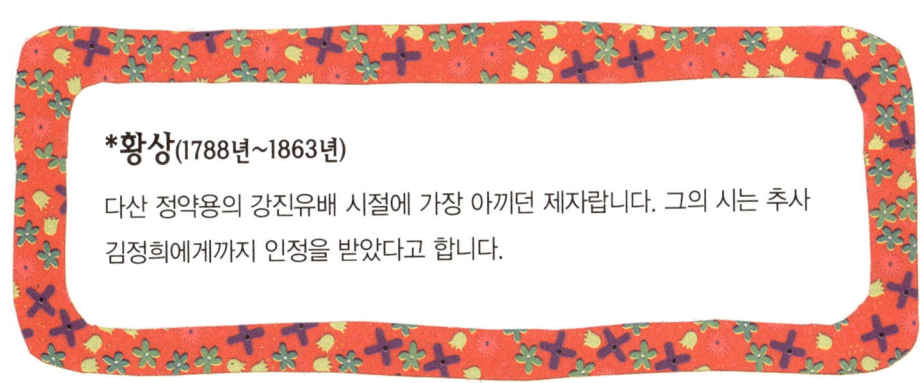

*황상(1788년~1863년)
다산 정약용의 강진유배 시절에 가장 아끼던 제자랍니다. 그의 시는 추사 김정희에게까지 인정을 받았다고 합니다.

아하, 그렇구나!

'형설지공'이라는 고사성어의 의미

옛날 중국의 진나라에 '차윤'이라는 사람이 살았습니다. 그는 어려서부터 성실하고 생각이 깊었습니다. 공부하는 것을 좋아했지만 워낙 가난해서 호롱불을 밝힐 형편도 못 되었답니다. 그래서 낮에는 밖에서 일하며 돈을 벌었고,

밤에는 반딧불이를 잡아 명주 주머니에 넣고 거기서 비쳐 나오는 빛으로 공부를 했다고 합니다.
또한 '손강'이라는 사람도 어려서부터 학문에 뜻을 두었지만 너무 가난해서 호롱불을 밝힐 기름을 구할 수가 없었답니다. 그래서 겨울이 되면 창가에 앉아서 밖에 쌓인 눈에 반사되는 달빛으로 공부를 했다고 합니다. 차윤과 손강은 이렇듯 어려운 형편 속에서도 꿋꿋하게 노력하여 훗날 높은 벼슬에까지 올랐습니다.
그러면서도 늘 겸손하고 근면한 자세로 살았다고 합니다.
'형설지공(螢雪之功)'이라는 말은 여기서 생긴 고사성어랍니다.

학교를 못 다닌 레오나르도 다 빈치

여러분도 두 손을 앞으로 가지런히 모으고 부드러우면서도 신비로운 미소를 머금고 있는 〈모나리자〉라는 그림을 잘 알고 있지요?

이 그림을 그린 레오나르도 다 빈치는 역사상 가장 유명한 예술가들 가운데 한 사람이지요. 그는 화가이자 조각가였지만 이 밖에도 아주 다양한 분야에서 뛰어난 업적을 남긴 사람입니다. 발명가, 건축가, 기술자, 해부학자, 식물학자, 건축가, 천문학자, 지리학자, 음악가로서 그가 손대지 않은 일이 없을 정도였지요. 그렇다면 그는 처음부터 머리가 좋은 천재였을까요? 아마 그러지는 않았던 것 같습니다.

호기심이 강한 아이

레오나르도 다 빈치는 1452년 이탈리아 토스카나 지방의 산골 마을인 빈치에서 태어났습니다. 그의 이름은 '빈치 출신의 레오나르도'라는 뜻을 가지고 있지요. 그 시대에는 이렇듯 태어난 곳을 이름에 넣는 경우가 많았답니다. 그의 어린 시절은 힘겹고 우울했습니다. 그는 부모님이 정식 결혼을 통해 낳은 아이가 아니었기 때문입니다. 게다가 가난해서 학교를 다닐 형편도

아니었지요.

　정식으로 공부할 기회가 없어 어린 시절에는 나눗셈도 제대로 못 하는 아이였지만, 레오나르도에게는 남다른 점이 있었습니다. 그는 호기심이 강해서 무슨 일이든 꼼꼼하게 관찰하기를 즐겼으며 상상력이 풍부했답니다. 그는 평생 동안 자신이 눈여겨 본 사물들을 즉시 기록해 두거나 간단한 그림으로 담아 두었답니다. 그래서 그의 곁에는 언제나 연필과 종이가 있었다고 합니다.

끈질긴 관찰로 천재성이 나타났어요

열네 살 무렵 레오나르도는 가족을 따라 대도시인 피렌체로 이사를 갔습니다. 그리고 '베로키오'라는 이름난 예술가의 공방에 들어가 미술과 기술 공작 수업을 받기 시작했지요. 이곳에서 끈질기게 노력하면서 감추어졌던 천재성이 드러나기 시작했답니다. 그래서 스승은 레오나르도에게 그림을 맡기고, 자신은 조각에만 몰두했다고 합니다. 1472년 레오나르도는 수업을 마치고 피렌체 화가 조합에 등록했습니다. 독립된 화가로서 자신의 이름을 달고 활동을 시작한 것이지요. 이 시기에 그가 남긴 인물화와 풍경화에서는 이미 독창적인 구도와 표현이 드러납니다.

그 뒤, 레오나르도는 이탈리아 북부 도시 밀라노로 가서 역사에 길이 남을 〈암굴의 성모〉와 〈최후의 만찬〉 같은 그림을 남기게 됩니다. 뿐만 아니라 조각, 건축, 기술 등 폭넓은 분야에서도 뛰어난 활동을 했지요. 레오나르도는 사람의 몸을 실제로 관찰하기 위해 해부학에도 관심을 가졌는데, 그것은 그때에는 아주 위험천만한 행위였답니다. 그런데도 그는 병원에 가서 직접 시체를 해부해서 우리 몸의 내부 모습까지 정확하게 기록해 놓았습니다. 1500년쯤 레오나르도는 피렌체로 돌아와서 〈모나리자〉를 그리기 시작했습니다. 그러면서도 새가 나는 방법, 지질학과 물의 운동, 해부학 등에 대한 많은 기록들도 남겼습니다.

1516년 레오나르도는 프랑스 왕의 초청을 받아 프랑스로 이주를 했습니다. 그곳에서 그는 〈성 안나〉와 〈모나리자〉를 완성했으며, 많은 분야에 대한 연구를 정리하고 운하도 설계했습니다. 그리고 1519년에 프랑스에서 눈을 감았답니다.

"공부하라! 그리고 늘 호기심을 가져라!"

레오나르도가 남긴 것은 그림들뿐만 아니라 과학과 기술에 대한 스케치와 기록들까지 그야말로 어마어마합니다. 새들은 어떻게 해서 하늘을 날 수 있는지, 물의 흐름이나 빛의 현상은 어떻게 이루어지는지, 식물들은 어떤 구조를 가지고 있는지, 바람은 왜 부는 것이며, 구름과 비는 어떤 관계에 있는지 등등 그가 다루지 않은 분야가 거의 없을 정도랍니다. 그는 이를 통해 얻은 지식을 바탕으로 비행기, 탱크, 낙하산, 잠수함 등 당시로서는 꿈도 꿀 수 없었던 기구와 장치들을 설계하기도 했답니다.

이렇듯 레오나르도는 정식으로 학교 공부를 한 사람은 아니지만, 평생 동안 관찰하고 공부하면서 새로운 세계를 연 위대한 인물입니다. 그가 살았던 때가 과학과 문명의 눈부신 발전을 이룬 르네상스 시기이기 때문에 이런 활동이 가능했겠지만, 그를 정말로 위대한 예술가이자 과학자로 만든 가장 큰 힘은 끝없는 호기심과 관찰, 그리고 쉽 없는 노력이었습니다. 레오나르도가 남긴 수첩에는 다음과 같은 구절이 적혀 있답니다.

"공부하라! 그리고 늘 호기심을 가져라!"

우리나라 최초의 여성 변호사 이태영

1914년에 평안북도에서 태어난 이태영은 우리나라 최초의 여성 변호사입니다. 지금은 여성 변호사가 많지만, 1950년대에는 여성 변호사가 없었고 그 뒤에도 몇십 년 동안 여성 변호사가 많이 나오지는 않았습니다. 왜냐하면 변호사가 되려면 공부를 아주 많이 해야 하는데 그때에는 여자가 공부하는 것이 쉽지 않았기 때문입니다. 아들 위주로 공부를 시켰고, 여자가 공부를 했다고 해도 직업을 갖기 어려웠답니다. 왜냐하면 그때는 남성 중심의 사회여서 여자가 공부를 하는 이유는 결혼을 잘하기 위한 과정으로 생각했던 시기이기 때문입니다.

이태영 변호사는 다행히 대학을 졸업하고 교사 생활을 할 수 있었지만, 법 공부를 시작할 때는 아이들도 키우면서 공부를 해야 했습니다.

한국 최초로 사법고시에 합격한 여성

가사과를 졸업하고 평양 여자 고등학교에서 교사를 하는 중에 결혼을 했습니다. 결혼 뒤 자녀를 네 명이나 키우면서 32세에 여성 최초로 서울대학교 법학과에 입학했지요. 1952년에는 역시 여성 최초로 사법고시에 합격을 했습니다. 한 명의 아이를 키우는 것도 쉽지 않은데 네 명의 자녀를 키우면서 법학을 공부한 것을 보면, 정말로 간절하게 법 공부가 하고 싶었나 봅니다. 이처럼 우리가 절실히 원하는 게 있으면 아무리 어려운 공부라고 해도 해낼 수 있다고 생각합니다.

변호사가 된 이태영은 1956년에 가난하고 힘없는 여성을 위한 여성법률상담소를 세우고, 1966년에는 남녀 모두를 위한 가정법률상담소를 세워 인권을 보호하는 데 힘을 다했습니다. 변호사의 가장 중요한 역할 중의 하나는 사람들의 권리를 보호하는 인권 보호입니다. 이태영 변호사는 인권에 문제가 생긴 수많은 사람들을 도와주고 보호해 주었습니다. 더 나아가 법을 새롭게 만드는 운동도 했는데 그중 하나가 '가족법 개정운동'이랍니다. 이 법은 이혼한 여성에게도 재산 분할을 받도록 하고 모계와 부계 모두 8촌까지 혈족으로 인정하도록 하는 운동이었답니다.

남녀 평등과 민주주의를 위해 끊임없는 노력을 했어요

뿐만 아니라 여성해방운동과 민주화운동을 하면서, 아직 우리나라의 여성과 남성이 불평등하고 민주주의가 제대로 자리를 잡지 못하던 시대에 여성과 남성의 평등이 조금씩 이루어지고, 민주주의가 정착하도록 하는 데도 많은 역할을 했답니다.

요즘 우리가 누리고 있는 평등과 자유는 이렇게 애쓴 분들이 있기 때문이랍니다. 이렇듯 공부를 통해서 자신의 꿈을 이룬 뒤에 바람직한 사회를 만들 수도 있으며, 사람들의 꿈의 실현을 도와 많은 사람들에게 위로와 희망을 줄 수도 있답니다.

집중력은 나의 힘, 알베르트 아인슈타인

알베르트 아인슈타인은 1879년 독일의 '울름'이라는 도시에서 태어났습니다. 유대인 가정의 아이였지요. 그런데 어머니는 아기를 보고 깜짝 놀랐습니다. 아기의 뒤통수가 너무 크고 찌그러진 것처럼 보였거든요. 이상한 머리 모양은 시간이 흐르면서 나아졌지만, 그때만 해도 이 아이가 20세기를 대표할 세계적인 과학자가 되리라고는 아무도 생각하지 못했을 거예요.

얼마 지나지 않아 알베르트의 가족은 뮌헨으로 이사를 했습니다(서양에

서는 앞에 나오는 것이 이름이고, 뒤에 나오는 것이 성이랍니다). 그런데 알베르트는 여러 가지로 늦된 아이였습니다. 세 살이 다 되도록 말도 제대로 못 했을 정도니까요. 어린 시절에 알베르트가 가장 좋아한 놀이는 블록 쌓기와 종이 카드로 집을 만드는 일이었답니다.

수줍음이 많은 소극적인 아이

워낙 말수가 적고 수줍음이 많았던 까닭에 어른들은 아인슈타인이 아주 소극적인 아이라고 생각했습니다. 그런데 다섯 살이 되던 어느 날, 아버지가 나침반을 보여 주자 알베르트는 커다란 관심을 보였습니다. 나중에 그 시절을 떠올리며 이런 말을 했습니다.

"나는 나침반의 바늘이 언제나 같은 방향을 가리키는 데에는 분명히 어떤 비밀이 있을 거라고 생각했습니다."

이듬해부터 초등학교에 다니기 시작했지만 알베르트는 몹시 힘들어했습니다. 학교에서 배우는 과목들은 책을 보고 그저 달달 외워야 잘할 수 있는

것이 대부분이었으니까요. 알베르트는 집에서 받는 수업을 더 좋아했습니다. 어머니에게는 바이올린을 배웠고, 아버지와 삼촌에게는 수학을 배웠지요. 열 살 무렵부터는 수학과 과학에 대한 책들을 열심히 읽었는데, 하도 질문을 많이 해서 집안 어른들은 골치가 아플 정도였답니다.

초등학교를 졸업하고 알베르트는 김나지움에 들어갔습니다. 독일의 김나지움은 우리나라의 중학교와 고등학교를 합쳐 놓은 것 같은 학교이지요. 그런데 당시의 김나지움은 군대처럼 규율이 엄격해서 개인의 생각을 존중하지 않았습니다. 그러니 알베르트는 학교 생활을 견디기가 힘들었지요. 뒷줄에 앉아서 딴 생각이나 하려면 차라리 학교를 그만두라고 선생님이 말할 정도였답니다. 알베르트는 스위스의 취리히 공과대학 입학시험을 보았지만 문학과 역사 성적이 나빠서 떨어지고, 한 해 뒤에야 합격했습니다.

세상을 놀라게 한 공간과 시간의 새로운 생각

알베르트는 대학을 졸업하고 스위스 특허청에 취직을 했습니다. 스물여섯 살이 되던 1905년, 알베르트는 세상을 놀라게 할 만한 논문을 발표했습니다. 그의 논문에서 눈에 띄는 것은 '특수상대성이론'에 대한 것이었습니다. 그때까지 사람들은 공간과 시간은 변화하지 않는 것이라고 여겼습니다. 17세기 영국의 물리학자인 아이작 뉴턴의 주장이었지요. 그런데 새파란 젊은 학자가 이런 이론을 뒤엎고, 공간과 시간은 고정된 것이 아니라 변화한다고 주장한 것입니다. 또한 알베르트는 '에너지는 물질의 질량에 빛의 속도의 제곱을 곱한 값'이라는 주장도 펼쳤습니다.

1921년 노벨 물리학상 수상

1916년에는 일반상대성이론을 발표했습니다. 태양이나 별처럼 무거운 물질 주변에서는 중력이 구부러져 작용한다는 내용이 담긴 이론이었지요. 1921년, 알베르트 아인슈타인은 노벨 물리학상을 받았습니다. 이제 그는 전 세계에서 가장 유명한 과학자가 되었습니다. 그러나 이런 행복은 오래 가지 않았습니다. 1930년대에 이르러 독재자인 독일의 히틀러와 나치 세력이 권력을 잡으면서 유대인들을 탄압하고 전쟁을 준비하고 있었습니다. 그래서 알베르트는 미국으로 건너가 프린스턴 대학에 새로운 둥지를 틀었습니다.

1939년, 독일은 기어이 전쟁을 일으켰습니다. 일본 및 이탈리아와 동맹을 맺고 제2차 세계대전을 시작한 것입니다. 알베르트는 독일의 나치 과학자들

이 무시무시한 폭탄을 만들려고 한다는 소식을 들었습니다. 그래서 그는 미국 대통령에게 편지를 보내 미국이 먼저 원자폭탄을 만드는 것이 좋겠다는 의견을 펼쳤습니다.

1945년 8월, 일본에 원자폭탄이 떨어지면서 전쟁이 끝났습니다. 그러나 이런 과정에서 수많은 사람들의 생명을 빼앗은 것을 알고 알베르트는 몹시 슬퍼하며 자책감에 시달렸습니다. 그 뒤 알베르트는 핵무기를 없애고 과학기술을 평화적으로 이용하기 위한 운동에 온 힘을 쏟았습니다. 알베르트는 1955년 4월의 어느 날 세상을 떠났습니다.

이탈리아의 예술가이자 과학자였던 레오나르도 다 빈치가 모든 방면에 걸쳐 호기심을 보였던 사람이었다면, 아인슈타인은 자기가 좋아하는 분야에서 엄청난 집중력을 보였던 과학자였습니다. 그는 이런 말을 남겼습니다.

"나는 머리가 좋은 것이 아니라, 문제를 더 오래 연구했을 뿐이다."

그렇다면 남보다 머리가 나쁘다고 생각하는 사람도 누구나 훌륭한 업적을 남길 수 있는 것이 아닐까요?

부록 나는 이렇게 공부했어요!

어린이 여러분이 공부를 잘하고 싶은 마음은 있는데, 공부할 때마다 여러 가지 문제에 부딪히게 되잖아요. 누군가에게 공부에 집중하기 위한 방법이나 공부하기 싫을 때는 어떻게 해야 하는지 등을 물어보고 싶은데 마땅한 사람들이 없었을 거예요. 그래서 어린이들이 정말로 궁금해하는 공부 방법이나 목적 등을 언니, 오빠들에게 들을 수 있도록 이곳에 실었답니다.

꿈이 진심이라면 공부를 열심히 할 수 있어요

박 예 송 서울대학교 의학전문대학원

공부하기 싫을 때 이렇게 해 보세요

"비스킷 통에는 여러 종류의 비스킷이 있는데 좋아하는 것과 별로 좋아하지 않는 것이 함께 있잖아요? 그래서 먼저 좋아하는 것을 먹어 치우면 나중에는 별로 좋아하지 않는 것만 남게 되죠. 저는 괴로운 일이 있으면 늘 그런 생각을 해요. 지금 이걸 해 두면 나중에는 편해진다고. 인생은 비스킷 통과 같다고 생각해요."

공부는 비스킷 통에 들어 있는 별로 좋아하지 않는 비스킷일 때가 많습니다. 어떻게든 피해 가고 싶고, 그냥 먹지 않고 넘어갈 수는 없을까 싶은, 그런 생각이 들 때가 많으니까요. 그러나 꾹 참고 맛 없는 비스킷을 꼭꼭 씹어 삼키면, 그 다음에는 가장 좋아하는 달콤한 비스킷이 기다리고 있을 것입니다.

지금 눈앞에 있는 공부가 너무 막막하고, 어렵고 싫어서 도무지 내키지 않는 순간에는 그런 생각을 합니다. 이 순간을 견디면 그 다음에는 훨씬 즐거운 내일이 기다린다고 말입니다. 오늘이 힘든 만큼 그 위에 만들어진 내일은 더 행복할 것이라고, 그래서 인내하고 노력하는 이 순간이 결코 헛되지 않을 것이라고 생각하면 마음이 조금 가벼워지고 도전할 용기가 나는 것 같습니다.

그러나 아무리 쥐어 짜도 좋아하지 않는 비스킷을 입에 밀어 넣을 용기가 나지

않는 날에는, 제일 좋아하는 비스킷을 먼저 한가득 먹어 치우는 것도 괜찮지 않을까요? 스스로를 응원하는 의미에서, 하루 정도는 공부할 것들을 밀어 두고 좋아하는 일을 실컷 해도 되지 않을까 생각해요. 그렇게 다시 앞으로 나아갈 힘을 충전하고 나면, 캄캄하게만 느껴지던 한 페이지 한 페이지가 전보다 쉽게 넘어갔던 것 같아요.

어릴 때의 꿈은 점원이었어요

제가 어렸을 때 가장 처음 가졌던 꿈은 동네 슈퍼마켓의 계산대 점원이었습니다. 사람들의 돈을 받아 계산대에 넣던 그 사람이 세상에서 가장 부자라고 생각했거든요. 지금 생각하면 참 어린애답고 단순한 꿈인데, 그때에 제 주변 어른들 중에는 그 누구도 우스워하거나 가볍게 여기는 사람이 없었어요. 오히려 모두 진지하게 제 얘기에 귀를 기울여 주고, 장난감 계산대를 사 주며 연습하라고 응원까지

해 주었습니다. 제가 스스로 그 꿈에 대해 고민해 보고, 좀 더 진지한 새로운 꿈이 생겼다고 발표할 때까지 말입니다.

20여 년이 지난 지금 저는 계산대 점원이 되지는 않았습니다. 심지어 경제 분야와는 아무 상관도 없는 길을 걷게 되었지요. 그러나 어린 시절의 그 경험이 중요했던 건, 그 덕분에 제가 자유롭게 꿈을 꿀 수 있게 되었다는 거예요. 그 당시에 누군가 한 사람이라도 그게 무슨 꿈이냐고 놀리거나 야단을 쳤다면, 아마 저는 잔뜩 기가 죽어서 그 뒤로는 무슨 꿈을 꾸든 간에 다른 사람의 눈치를 보게 되었을 거예요. 내가 생각하는 이 길이 남들 눈에 어떻게 비칠지, 한심하고 초라해 보이지는 않을지 걱정하는 겁쟁이가 되었을 거예요.

그러나 아무리 어른의 눈에 사소하게 비쳐지는 꿈이라도 결코 소홀히 여기지 않고 존중해 준 사람들 덕분에, 저는 중요한 결정을 내릴 때면 늘 남들의 눈보다는 제 자신에 오롯이 집중할 수 있었습니다. 그래서 누구든 공부를 하거나 꿈을 꾸는 일에 있어서 기죽지 말라는 이야기를 하고 싶습니다. 아직 어리지만 자신의 마음을 향한 귀를 쫑긋 열어 두는 게 중요하다는 것을 잊지 않았으면 좋겠습니다.

〈겨울왕국〉의 올라프처럼 꿈을 꺾지 마세요

김 진 우 서울대학교 자유전공학부

'공부하고 싶다! 공부하고 싶다! 정말!'

공부를 하다 보면 졸릴 때도 있고 하기 싫을 때도 있습니다. 이럴 때 저는 잠깐 쉬는 시간을 갖는 편입니다. 공부가 좀 안 되면 잠깐 자리에서 일어나 운동을 한다든지, 잠깐 눈을 감고 쉰다든지 하면서 말이죠. 저는 이렇게 몸의 리듬을 조절하면서 공부하는 것이 중요하다고 생각합니다. 그냥 무작정 앉아 있는 것은 오히려 회복할 수 있는 기회를 없애는 것일 수도 있다고 생각해요. 여러분도 공부를 하다가 집중이 안 되거든 잠시 다른 일을 해 보세요. 중요한 것은 다른 행동을 잠깐 동안만 해야 한다는 것입니다. 반대로 공부가 잠깐이 되고 다른 행동이 길어지면 공부를 잘할 수 없겠죠?

여러분을 위해 제가 사용하는 특별한 팁을 드립니다. 여러분 스스로에게 이렇게 소리를 내어 이야기해 보세요. '공부하고 싶다! 공부하고 싶다! 정말 공부하고 싶다!' 그렇게 이야기하면 하기 싫은 마음이 조금 사라지게 된답니다. 실제로 해 보세요. 정말 도움이 된답니다.

부정적인 마음을 긍정의 힘으로 이기세요!

영화 〈겨울왕국〉의 눈사람 올라프는 "여름을 한 번도 겪어 본 적이 없다."며 여름을 궁금해하고, 여름 해변에서 햇살을 만끽하는 자신을 상상하기도 하죠. 눈사람이 여름을 생각하다니…. 그런데 저는 여러분들이 올라프와 같은 마음으로 꿈을 꾸고 공부를 생각했으면 좋겠어요. 여러분이 아는 세상과 사실들은 아직 이 세상의 아주 작은 부분이에요. 그거 지금 20대인 지도 마찬가지고요. 그래서 우리는 아직 여름 햇살에 눈사람인 자신이 녹을 수 있다거나 봄의 따뜻한 바람이 불어오면 눈이 녹는다는 사실들도 알지 못할 수 있어요.

그러나 그렇다고 우리가 그런 것을 두려워해서 꿈을 꺾고 자신을 우리에 가두어 놓는다면 영원히 차가운 겨울 속에서 나올 수 없을 거라고 생각해요. 그러니 주위에서 부정적으로 나쁘게 이야기해도 일단은 여러분이 원하는 것에 도전해 보고 그것을 이루려고 노력해 보세요. 그렇게 하다 보면 올라프가 영화 속에서 겨울이 사라지고 난 뒤에도 녹지 않고 봄을 즐길 수 있었던 것처럼 여러분도 어른들은 상상도 못한 방법으로 여러분들의 멋진 꿈을 이루고 즐기며 살게 되지 않을까 생각합니다. 그런 마음으로 공부를 한다면 큰 산처럼 부담스러웠던 공부가 작은 산으로 변하면서 공부에 대한 부담이 확 줄어든답니다. 저도 올라프와 같은 꿈을 꾸고 있기에 공부를 즐겁게 하고 있답니다.

하루하루 이루고 싶은 꿈을 생각하세요

김 유 정 서울대학교 로스쿨

공부가 힘들 때는 잠시라도 친구들과 즐겁게 노세요

로스쿨이 어떤 곳인지 아는 친구들도 있겠지만 대부분 잘 모르고 있을 거예요. 로스쿨은 변호사, 판사, 검사와 같은 법률가들을 위해서 만든 대학원 과정으로 3년 과정의 전문 법과대학원이에요. 로스쿨 입학에는 엄격한 평가가 이루어지기 때문에 경쟁이 치열합니다. 대학교 때부터 좋은 성적을 얻기 위해서 노력해 온 학생들과 다시 로스쿨에서 성적을 놓고 경쟁하다 보면 스트레스가 이만저만이 아니랍니다.

그래서 공부를 하다가 위축되고 공부에 대한 의욕을 상실할 때가 많아요. 그럴 때 저는 자신감을 회복하기 위해 친구들을 만나거나 운동을 하면서 자신을 위로하고 마음을 새롭게 먹는답니다. 가끔은 맛있는 음식을 찾아서 먹거나 공부하느라 못 봤던 영화를 찾아서 보는 것도 도움이 되지요. 여러분도 친구, 운동, 맛있는 음식, 놀이 등을 적절하게 즐기면서 공부하는 어려움을 견디어 보세요.

초등학교 때에는 꿈을 크게 가지세요

초등학교 때에는 꿈을 크게 가지는 게 좋은 것 같습니다. 막연하게나마 큰 꿈을 가지면 그 꿈을 이루기 위해 노력하다가 조금씩 구체화되는 경험을 할 수 있습니다. 그리고 아직 뚜렷한 꿈이 없다면, 다양한 걸 배워 보고 여러 가지 방과 후 활동에 도전해 보는 것을 추천합니다. 이것저것 하다 보면 그중에 하나는 자신이 좋아하고 잘하는 게 있을 거예요.

   저 같은 경우에는 대학에 들어 간 뒤, 여러 가지를 경험하면서 법조인이 되기 위한 로스쿨을 선택하게 되었어요. 정말로 공부가 힘들지만 하루하루 이루고 싶은 꿈과 관련 있는 새로운 걸 배우면서 보람을 느끼고 제 선택에 만족을 하고 있답니다.

부모님의 꿈이 아닌 자신의 꿈을 키우세요!

백 충 헌 KAIST 물리학과

휴식과 공부 시간을 적절히 조절하는 게 중요해요

공부 종류에 따라서 공부하기 싫은 것과 어려운 것에 대처하는 방법이 다르답니다. 하기 싫어도 문제풀이만 하는 거라면 그냥 하면서 시간이라도 채우고, 생각하는 것이 필요한 공부인데 집중이 안 되면 잠시 쉬면서 컨디션을 조절합니다. 컨디션을 회복한 뒤에는 하지 못한 공부를 언제 할지 시간을 정합니다. 그러나 하기 싫거나 어려워도 대부분 책상에 앉아서 견디면서 하기 싫은 것과 어려운 것을 해결해 갑니다.

자기가 좋아하고 잘하는 것이 무엇인지 찾아보세요

어른들이 초등학생에게는 억지로 꿈을 안 심어 줬으면 좋겠습니다. 특히 저는 부모님들이 좋아하는 의사, 판사나 검사, 교수 등을 싫어해서 초등학교 때 장래 희망을 쓰지 않았던 기억이 납니다. 제가 생각하기에 초등학교 때는 다양한 경험을 많이 하는 것이 중요하고, 자기가 좋아하는 것을 자신의 장점으로 받아들이는 것도 중요하다고 생각합니다.

그리고 공부는 자신이 원하는 일을 할 때 필요하다고 생각하기 때문에 하기 싫어도 학교에 다니는 동안은 꾸준히 열심히 했으면 좋겠습니다. 제가 좋아하는 물리학을 지금 할 수 있게 된 것도 하기 싫거나 어려워도 책상에 앉아서 참고 견디며 공부한 덕분이라고 생각합니다. 여러분 쉽게 공부하려고 하기보다는 힘들어도 자신을 격려하면서 꿈을 이루어 가는 훈련 과정이라고 생각하고 이겨 냈으면 좋겠습니다.

 엄마 아빠, 보세요!

"엄마 아빠도 꿈이 있었나요?"

아빠, 엄마에게도 꿈에 대한 아쉬움이 있을 거예요. 물론 꿈을 이룬 부모님도 있지만 이러저러한 이유 때문에 꿈을 이루지 못해 마음이 씁쓸한 분들도 많을 거예요. 이런 경우 꿈을 이룰 수 없었던 것을 원망이나 핑계로 표현하기보다는, 아쉬움과 미련으로 표현하는 것이 바람직하답니다.

예를 들어 가정 형편이 어려웠거나 아파서, 혹은 갑자기 생긴 일 때문에, 실수 등으로 꿈을 이루지 못한 경우는 아쉬움이 클 거예요. 그러나 이 아쉬움을 잘 극복했던 경험담이나 긍정적 태도 등을 이야기해 주면 아이들도 그런 일이 발생했을 때 잘 대처해 갈 수 있을 거예요. 아울러 다시 그 시간으로 돌아간다면 좀 더 열심히 노력했을 거라고 이야기해 주세요.

부모님의 꿈을 어떻게 실현시켰는지 얘기해 주세요

다행히 부모님이 꿈꾸었던 것을 이루게 된 경우라면, 영웅담이나 자랑하는 태도가 아니라 꿈을 갖게 된 과정부터 얼마나 노력을 했는지 그리고 도움을 주었던 분들이 누구였는지 등을 이야기해 주는 것이 아이들에게 좋답니다. 특히 꿈을 이루어 가는 과정에서 경험했던 어려움을 어떻게 극복했는지 알려 주고, 그렇게 극복할 수 있었던 것은 무엇 때문이었는지를 설명해 준다면 아이들에게는 큰 교훈이 되고, 부모와 자녀 관계도 더욱 돈독해진답니다.

부모님의 꿈을 이야기하는 과정에서 주의해야 할 점은 '만약 아빠, 엄마가 지금 너같이 좋은 환경에 있었다면 꿈을 이루었을 거다.'라고 이야기하거나,

'아빠, 엄마에게 부끄럽지 않은 꿈을 가져라.'라고 말하는 것, '지금같이 해서는 절대로 꿈을 못 이룬다.'라고 말하는 것입니다. 그렇게 이야기하기보다는 다음과 같이 이야기하는 것이 자녀가 꿈을 이루어 가는 데 훨씬 도움이 된답니다. 아이들의 꿈에 '우연히'라도 돌을 던지지 마시고, 아이의 꿈에 따스한 손을 얹어 주세요.

- 네가 꿈을 꾸면 너의 생각에 날개를 달게 된단다.
- 아빠 엄마는 네 속에 숨어 있는 다양한 가능성을 믿는단다.
- 꿈이 있는 사람은 남들이 보지 못하는 것을 보게 되고, 듣지 못하는 것도 듣게 된단다.
- 꿈이 있는 사람은 미소를 짓게 되고, 자신을 사랑하게 된단다.
- 꿈은 어려움도 견디게 하고, 주변 사람에게 희망을 주게 된단다.

명주어린이 시리즈 06

나는 나를 사랑해요

초판 1쇄 발행 | 2014년 7월 25일

글 | 백종화
그림 | 최은영

펴낸이 | 손경애
펴낸곳 | 도서출판 명주
기획·편집 | 손경애·오규원
디자인 | 은디자인(김은경·배민주)
출판등록 | 2011년 7월 20일(제 301-2013-083)
주소 | 서울특별시 중구 을지로 3가 을지빌딩 별관 404호
전화 | 070-7565-6670
팩스 | 02-6008-5666

ISBN 978-89-6985-006-5 74180
      978-89-6985-000-3(세트) 74080

ⓒ 백종화, 최은영 2014

정가 12,000원

* 잘못된 책은 바꾸어 드립니다.

이 도서의 국립중앙도서관 출판시도서목록은(CIP)
CIP 홈페이지(http://seoji.nl.go.kr)와
국가자료공동목록시스템(http://www.nl.go.kr/kolisnet)에서
이용하실 수 있습니다.
(CIP제어번호: CIP2014020662)